삶의 지혜를 배우는

고사성어

성인 · 청소년 교양서

삶의 지혜를 배우는

고사성어

김종용 지음

좋은땅

책을 펴내며

　고사성어(故事成語)는 옛날부터 전해 내려오는 사건이나 이야기에서 유래하여 관용적(慣用的)으로 쓰이는 글귀를 말합니다. 대부분 중국의 역사와 고전, 문학작품, 신화, 전설 등 옛이야기에서 유래하여 오늘날까지 전해 내려오고 있습니다.

　이와 같이 성어(成語)가 오랜 세월 동안 없어지지 않고 전해 오는 이유는 선현(先賢)들의 소중한 삶의 지혜가 담겨져 있기 때문입니다. 다양한 인생경험이 있고, 인생을 어떻게 살아가야 할지 철학(哲學)이 담겨져 있으며 처세관(處世觀)이 있습니다. 우리는 이러한 이야기를 통하여 어려운 상황에 처했을 때 어떻게 대처해야 하고, 바른 삶의 가치를 위해 어떻게 살고 행동해야 하는지를 생각해 보며 생활의 지혜를 배울 수 있습니다.

　우리는 흔히 온고지신(溫故知新)이라는 말을 많이 사용합니다. 옛것을 익혀서 새로운 것을 안다는 뜻입니다. 공자는 "옛것을 익히고 새로운 것을 알면 스승이 될 수 있다."고 했습니다. 과거의 학문을 충분히 익히고 그 바탕 위에 새로운 것을 배워야 참다운 지식을 배울 수 있다는 것입니다.

　오늘날 수많은 지식들이 쏟아져 나오지만 옛 지식이 없으면 깊이 있고 폭넓은 학문을 읽힐 수 없습니다. 과거와 현재의 지식을 조화롭게 활용해야 더욱 혁신적(革新的)이고 새로운 배움을 창출(創出)할 수 있습니다.

　우리는 지금 21세기 지식 정보화 사회에서 살아가고 있습니다. 자고 일어나면 신문이나 방송을 비롯하여 인터넷 매체에서 수많은 지식과 정보가 쏟아져 나오고 있습니다. 그만큼 문제도 많고 해결해야 할 일도 많아졌습니다. 학생들은 보다 좋은 학교에 가기 위해 공부에 시달리고, 젊은 세대들은 좀 더 좋은 직장을 얻기 위해서 경쟁이 치열합니다. 또한 회사원들은 일류 직장을 만들기 위해서 여가의 시간이 없고, 보통 사람들은 생업(生業)을 위해 너무 바쁜 생활을 하고 있는 것이 현실입니다.

이제 마음의 여유를 가지고 한 번쯤 자신을 돌아보는 시간을 가져 보면 어떨까요. 너무 앞만 보고 달려가지 말고 가끔은 파란 하늘과 아름다운 저녁노을을 바라보는 것도 인생의 행복인 것 같습니다. 독일의 시인 칼 부세는 「산 너머 저 쪽」이란 시(詩)에서 행복(幸福)을 이렇게 표현했습니다. "산 너머 고개 너머 먼 하늘에, 행복은 있다고 사람들은 말하네. 나는 남 따라 찾아갔다가, 눈물만 머금고 돌아왔다네. 선 너머 고개 너머 더욱 더 멀리, 행복은 있다고 사람들은 말하네." 행복은 먼 곳에 있지 않고 가까운 곳에 있습니다. 아무리 사소하게 보이는 일이라도 자신이 의미(意味)있는 일을 하고 있다고 생각하면 행복해집니다.

물이 바위를 만나면 돌아가고, 댐을 만나면 쉬어 가면서 자신의 목적지 바다에 이르듯이, 인생에 있어서도 잠시의 여유로움이 필요합니다. 아무리 바쁜 세상이라고 하지만 모든 일은 마음먹기에 달려 있습니다.

독서(讀書)를 하면서 잠시라도 여유로움을 가지고 인생의 목적지를 항해(航海)하는 행복한 생활이 되시기 바랍니다.

지은이 김종용

차 례

제2장 학문과 인재와 신의

제1장

신념과 노력으로
이룬 보람

1 괄목상대(刮目相對)

字解 비빌 괄 刮 · 눈 목 目 · 서로 상 相 · 대할 대 對

語義 눈을 비비고 상대방을 대한다.

解義 남의 학식이나 재주가 놀랄 만큼 향상되었다.

삼국시대(三國時代) 오(吳)나라에 여몽(呂蒙)이란 유명한 장수(將帥)가 있었습니다. 여몽은 태어나면서부터 집안이 가난하여 제대로 먹고 입지 못하며 자랐습니다. 그러다 보니 글을 배우지 못하여 학식(學識)이 없었습니다. 어느 날 오나라 왕 손권(孫權)이 여몽을 불러 말했습니다.

"여몽 장군, 그대가 용감한 것은 천하가 다 아는 사실이오. 그런데 한 가지 아쉬운 것은 글을 모르니 학문을 모르고 병법(兵法)은 읽지도 못하고 있소. 앞으로 글을 배워 학문을 많이 읽히는 것이 좋겠소."

손권이 충고하자 여몽은 고개를 숙이며 자신이 없다는 듯이 말했습니다.

"이제서야 언제 글을 배우겠습니까? 요즈음 바빠서 글을 읽을 시간이 없습니다."

손권은 여몽을 크게 꾸짖었습니다.

"그대가 바쁘다고 하나 나만큼 바쁘겠소? 공자(孔子)는 세상에서 가장 유익한 것은 독서라고 하였고, 한(漢)나라 광무제(光武帝)는 전쟁 중에도 책을 놓지 않고 글을 읽었다고 하였소. 또한 위(魏)나라 조조(曹操)는 늙어서도 스스로 배우기를 즐긴다고 하였는데, 어찌하여 배우기에 힘쓰지 않겠다는 것이오."

이 말에 여몽은 크게 부끄러웠습니다. 그때부터 여몽은 전쟁터에서도 시간만 있으면 책을 놓지 않고 마음과 힘을 다해 틈틈이 글을 읽고 병법(兵法)을 읽혔습니다.

그 후 세월이 흘러 손권의 참모인 노숙(魯肅)이 여몽을 찾아왔습니다. 담소(談笑)를 나누던 중에 갑자기 여몽이 노숙에게 질문을 했습니다.

"관우에 대해 앞으로 어떤 계책으로 예기치 않은 상황에 대비하실 생각이십니까?"

노숙이 머뭇거리며 제대로 이야기하지 못하고 넘어가려 하자 여몽이 말했습니다.

"지금 오(吳)나라와 촉(蜀)나라는 우호적인 관계에 있지만, 관우는 곰이나 호랑이와 같은 인물입니다. 여러 가지 상황에 대해서 계획을 세워 대비해야 합니다."

여몽이 다섯 가지 계책을 말하자 노숙은 그의 학문과 이론의 풍부함에 깜짝 놀랐습니다.

"나는 그대가 무예(武藝)만 능한 사람인 줄 알고 있었는데, 학식(學識)이 이렇게 깊은 줄은 몰랐소. 이제는 옛날의 여몽이 아니구려!"

노숙이 찬사를 보내자 여몽이 말했습니다.

"선비는 헤어진 지 사흘이 지나면 눈을 비비고 다시 대할 정도로 달라져 있어야 합니다(刮目相對)."

훗날 재상이 된 노숙이 병으로 세상을 떠나자 여몽은 노숙을 대신하여 손권을 보필했습니다. 그리고 촉나라와 전쟁에서 유비(劉備)의 의형제인 관우(關羽)와 그의 아들 관평(關平)을 사로잡고 형주(荊州)를 되찾았습니다. 오나라의 백성들은 그를 지혜롭고 용맹한 명장(名將)이라고 받들며 칭송했습니다.

괄목상대(刮目相對)는 '눈을 비비고 상대를 대한다.'는 뜻입니다. 남의 학문이나 재주가 놀랄 만큼 성장했을 때 그에 대한 인식(認識)을 새롭게 하는 것을 비유하는 말입니다.

2 상전벽해(桑田碧海)

字解 뽕나무 상 桑 · 밭 전 田 · 푸를 벽 碧 · 바다 해 海

語義 뽕나무 밭이 푸른 바다로 변하다.

解義 세상이 몰라볼 정도로 크게 바뀌었다.

한(漢)나라 때 채경(蔡經)이란 귀족이 있었습니다. 그는 어느 날 신선(神仙)의 도(道)에 심취해서 왕방평(王方平)이란 선인(仙人)을 자기 집에 초대했습니다.

약속 시간이 되자 하늘에서 피리, 통소, 북소리와 함께 천마(天馬)의 울음소리가 요란하게 들려왔습니다. 채경이 가인(家人)들과 함께 도열하여 하늘을 보자, 왕방평이 색깔이 다른 네 마리 용이 이끄는 수레를 타고 하늘에서 내려오고 있었습니다. 머리에는 원유관(遠遊冠)을 쓰고, 붉은 옷에 호랑이 화살 통을 어깨에 걸친 채 칼을 차고 있었습니다. 펄럭이는 깃발 아래 시중드는 사람들은 모두 위엄을 갖추고, 주악대(奏樂隊)는 하늘에서 기린을 타고 내려와 질서정연하게 모여 있으니 그 모습이 실로 장관(壯觀)이었습니다.

왕방평은 마차에서 내려 채경과 정중하게 예를 갖추어 인사하고, 그의 부모 형제와도 인사를 나누었습니다. 뒤이어 화려한 누각(樓閣)에서 잔치를 벌이려고 하는데 왕방평이 허공을 바라보며 선계(仙界)의 사자

(使者)에게 마고(麻姑)를 불러오도록 했습니다.

그로부터 얼마 후, 신비스러운 음악과 함께 시녀들의 옹위(擁衛)를 받으며 마고가 도착했습니다. 나이는 열여덟쯤 되어 보이고, 머리카락은 허리까지 내려왔습니다. 옷에는 아름다운 무늬가 있었고 광채가 눈부시어 그녀의 아름다운 모습은 형용하기가 어려웠습니다. 마고는 왕방평과 채경 일가(一家)하고 서로 인사를 나누었습니다. 자리에 앉자, 마고는 가지고 온 음식물을 가져오게 했는데, 그릇들은 모두가 금과 옥으로 되어 있고, 음식은 선계(仙界)의 과일로 되어 있어 거기서 풍기는 신비스런 향기가 집 안에 가득 퍼졌습니다. 잔치가 벌어지자 마고가 말했습니다.

"제가 신선(神仙)님을 모신 이래로 동해(東海)가 세 번이나 뽕나무밭으로 변하는 것을 보았습니다(桑田碧海). 얼마 전에 동해의 봉래(蓬萊)에 갔더니 바다가 이전의 절반으로 줄어들었습니다. 다시 육지로 바뀌려는 것일까요?"

왕방평이 말했습니다.

"성인들께서 이르시기를 동해는 다시 흙먼지를 일으키는 땅이 될 것이라고 말씀하셨소."

이 말을 듣고 채경과 그의 집안사람들은 놀라서 입을 다물지 못했습니다. 아름다운 소녀로 보이는 마고 선녀(仙女)의 실제 나이가 얼마나 되는지 가늠할 수조차 없었기 때문이었습니다.

위 이야기는 진(晉)나라 도교(道敎) 연구가인 갈홍(葛洪)의 저서 『신선

전(神仙傳)』에 나오는 이야기입니다. 마고가 '동해(東海)가 세 번이나 뽕나무 밭으로 변했다.'고 한 말에서 '상전벽해(桑田碧海)'가 유래되었습니다.

이 성어(成語)는 자신도 모르게 엄청나게 달라진 세상의 모습을 비유한 말입니다. 자연이나 사회에 큰 변화가 일어나 세상이 놀라울 정도로 변해 버렸다는 뜻으로 쓰이고 있습니다. 우리나라 서울이나 도시의 경우 70년대부터 엄청나게 빠른 속도로 발전하면서, 대규모 신도시 개발, 도로망 개선, 아파트 신축, 주거지역 재개발을 통하여 생활 터전이 급격하게 바뀌었습니다. 당시 사람들이 지금의 모습을 보면 '상전벽해'라고 할 수 있습니다.

삶의 지혜(智慧)

오늘날 우리 사회는 빠르게 변하고 있습니다. 변화에 적응하지 못하는 사람은 도태(淘汰)되거나 낙오자가 될 수밖에 없습니다. 시대가 변하면 삶의 방식과 생각도 달라져야 합니다.

1975년 미국의 빌 게이츠(Bill Gates)는 폴 앨런(Paul Allen)과 함께 최초의 소형 컴퓨터 프로그램 언어인 베이직(BASIC)을 개발하였으며, 여기에 쓰일 새로운 버전(Altair Basic)을 개발하고 마이크로 소프트사(Microsoft Corporation)를 설립했습니다.

그들은 변화하는 미래를 예측하며 창의적인 아이디어로 컴퓨터 운영 체제와 소프트 개발 분야에서 혁신적인 성공을 이루었습니다. 그 결과 개인용 컴퓨터 운영 체제인 윈도우(Window) 시리즈를 세계 최초로 출시하여 PC의 확산과 더불어 네트워크(network)를 통한 정보화 사회를 열었습니다.

기자들이 빌 게이츠에게 성공 비결을 묻자 그가 대답했습니다.

"나는 힘이 센 강자도 아니고 그렇다고 뛰어난 천재도 아닙니다. 날마다 새롭게 변했을 뿐입니다. 'Change'의 g를 c로 바꾸어 보십시오. 'Chance'가 되지 않습니까. 변화 속에 반드시 기회가 숨어 있습니다. 그것이 나의 성공 비결입니다."

지구상에 생명체가 출현한 이래 진화 과정을 거쳐 지금까지 살아남은 것은 강한 것이 아니라 변화에 잘 적응한 것들입니다. 사막의 들새는 선인장 가시를 이용하여 나무 구멍 속에 있는 먹이를 잡아내고, 독수리는 돌로 타조의 알을 깨어 먹는 지혜가 있습니다. 어려운 환경 속에서 생존하기 위한 지혜로움입니다.

　"지혜로운 사람은 변화에 적응하고, 어리석은 사람은 그에 맞서 싸운다."고 했습니다. 변화를 통해 새로운 가능성을 모색하는 진취적인 자세가 중요합니다.

3 구우일모(九牛一毛)

字解 아홉 구 九 · 소 우 牛 · 한 일 一 · 털 모 毛

語義 아홉 마리 소 가운데 한 개의 털.

解義 아주 사소하고 하찮은 것.

한(漢)나라 7대 황제인 무제(武帝) 때 이릉(李陵)이란 유명한 장수가 있었습니다. 그는 흉노 정벌에 나서 5천 명의 별동대를 이끌고 적진 깊숙이 침투하여 적의 3만 정병과 싸워 수천 명을 사살했습니다. 그러자 흉노의 선우는 좌우 현왕(賢王)의 군사들을 불러들여 11만이 넘는 병력으로 이릉을 공격했습니다. 이릉은 10여 일간은 잘 싸웠으나 중과부적(衆寡不敵)으로 패하여 살아남은 자가 불과 400여 명에 지나지 않았습니다. 이릉은 어쩔 수 없이 항복하고 말았습니다.

다음 해 죽은 줄만 알고 있었던 이릉이 흉노에게 후한 대접을 받고 있다는 사실이 알려졌습니다. 소식을 들은 무제는 격노(激怒)하며 이릉의 가족을 참형하라는 명령을 내렸습니다. 조정의 중신들은 무제의 이러한 모습을 보고 누구 하나 이릉을 위해 말을 할 수가 없었습니다.

그때 사마천(司馬遷)은 역사서를 편찬하고 나라의 기록물을 담당하는 사관(史官)으로 있었습니다. 그는 이릉의 인품을 누구보다도 잘 알고 있었기에 그대로 있을 수가 없었습니다. 지난날 흉노들이 가장 두려위하였던 이광(李廣) 장군의 손자로 목숨을 내던져서라도 나라를 위해 싸울 용장이라고 굳게 믿어 왔기 때문이었습니다. 그래서 사태의 진상을 대담하게 무제에게 아뢰었습니다.

"폐하, 이릉 장군은 5천 명의 적은 군사로 수만의 오랑캐와 싸워서 흉노의 간담을 서늘하게 하였습니다. 그가 패한 이유는 도와줄 군대는 오지 않고 배반자까지 생겨 어쩔 수 없었을 것입니다. 지금 이릉이 흉노에게 있는 것은 훗날 황제의 은혜에 보답할 의도가 있기 때문일 것입니다. 부디 생각을 바꾸시어 이릉의 공을 천하에 알려 주십시오."

그러자 무제는 크게 화를 내며 이릉을 변호하고 나선 사마천에게 '무상죄(誣上罪)'로 감옥에 가두어 버렸습니다. 없는 사실을 꾸며서 황제를 모독하였다고 내리는 매우 중한 벌이었습니다. 사마천은 세 가지 중 한 가지를 선택하여 벌을 받아야 했습니다. 사형을 당하는 방법, 50만 냥을 물고 죄를 사면하는 방법, 생식기를 제거하는 궁형(宮刑)을 선택하는 것이었습니다. 사마천은 고심 끝에 궁형을 선택했습니다. 사마천은 친구 임안(任安)에게 자신의 참담한 심정을 이렇게 적었습니다.

"내가 죽임을 당하더라도 사람들은 아홉 마리 소 가운데 터럭 하나 없어진 정도로밖에 여기지 않을 것입니다(九牛一毛). 나와 같은 인간이 보잘것없는 미물(微物)과 무엇이 다르겠습니까? 내가 죽는다 해도 사람들은 옳은 말을 해서 죽었다고 하기보다는 큰 죄를 지어서 죽었다고 여길 것입니다."

그는 자신의 초라한 처지를 가슴 아파하며 목숨을 끊으려고 했으나 생각을 바꾸었습니다. 왜냐하면 당시 사서 편찬 담당으로 있던 아버지가 『사기(史記)』를 완성하지 못하고 죽게 되자 이를 완성하라는 간곡한 유언(遺言)을 남겼기 때문이었습니다.

그때부터 사마천은 더욱 분발하여 아버지 유언을 생각하면서 자신의 모든 역량을 쏟아 부어 집필에 심혈을 기울였습니다. 2년 후, 무제 역시 그의 비범한 재능과 충성심을 인정하여 중서령(中書令)에 임명했습니다. 그리하여 저술에 착수한 지 18년 만에, 신화시대부터 전한의 무제에 이르기까지 3,000년의 역사를 서술한 『사기(史記)』 130권을 완성했습니다.

'구우일모(九牛一毛)'는 '매우 많은 가운데 아주 적은 것', '큰 물건 속에 있는 아주 작은 물건', '아무것도 아닌 하찮은 일'을 비유하여 쓰는 말입니다.

4   창해일속(滄海一粟)

字解   푸를 창 滄 · 바다 해 海 · 한 일 一 · 조 속 粟

語義   넓은 바다 가운데 한 알의 좁쌀.

解義   아주 많거나 넓은 것 가운데 있는 매우 하찮고 작은 것.

중국 북송(北宋)의 소동파(蘇東坡)는 당송(唐宋) 8대가의 한사람으로 시인(詩人)이자 학자이며 정치가입니다. 그는 조정의 정치를 비방하는 내용의 시를 썼다가 황주(黃州)로 유배되었습니다. 농사짓던 땅의 동쪽 언덕이라는 뜻에서 '동파(東坡)'라고 이름을 짓고 스스로 자신의 호(號)로 삼았습니다. 본명은 소식(蘇軾)이었지만 성씨에 호를 붙여서 소동파라고 부르게 되었습니다.

황주는 장강(長江)이 흐르는 적벽(赤壁)과 가까운 곳인데 동파는 이곳에서 자주 뱃놀이를 하였습니다. 이때 지은 시가 천하 명문(名文)으로 정평이 나 있는 「적벽부(赤壁賦)」입니다.

어느 날 소동파가 적벽에서 유람하고 있을 때 날씨는 맑고 바람은 잔잔했습니다. 마침 하늘에 떠 있는 달빛이 일렁이는 물결에 모이고, 흩어지는 모습이 마치 선경(仙境)과 같았습니다. 이때 술상을 차려 놓고 친구와 잔을 주고받는 중에 문득 조조(曹操)와 주유(周瑜)가 천하를 두고 한판 승부를 펼쳤던 적벽대전(赤壁大戰)이 떠올라 시를 읊었습니다.

"달은 밝고 별은 드문데 까막까치 남쪽으로 날아간다. 이것은 조조의 시가 아니겠소? 서쪽으로 하구(夏口)를 보고 동쪽으로 무창(武昌)을 보니 산천이 울창하다. 이곳이 조조가 주유에게 곤욕을 치른 곳이 아니겠소? 그가 형주(荊州)를 격파하고 강릉(江陵)의 물결 따라 동쪽으로 나아가니, 전함(戰艦)은 천리에 이어지고 깃발은 하늘을 뒤덮었소. 술잔 들어 강물을 보며 창을 비껴들고 시를 읊었으니 참으로 한 세상 영웅이었는데, 지금은 어디에 있는 것이오? 하물며 그대와 나는 강가에서 고기 잡고 나무를 하면서, 물고기들과 어울리며 들짐승들과 벗하고 있소. 나와 그대는 나뭇잎 같은 조각배를 타고, 술잔을 들어 서로 권하니, 우리 몸은 천지간에 하루살이처럼 짧고, 푸른 바다 속에 있는 한 톨의 좁쌀 같구나(滄海一粟). 내 삶이 너무 짧음을 슬퍼하며, 어찌하여 저 장강(長江)의 무궁(無窮)함을 부러워하는가."

여기에서 일속(一粟)은 동파 자신의 학식이나 덕망이 다른 사람에게 미치지 못한다는 겸손함을 나타냅니다. 이 시에서 소동파는 세상사에 있어 영웅호걸과 인간 존재의 허무함을 노래했습니다.

　　　　　　　　삶의 지혜를 배우는 고사성어

삶의 지혜(智慧)

'나비 효과(Butterfly Effect)'란 말이 있습니다. 나비의 단순한 날갯짓이 날씨를 변화시킨다는 이론입니다. 미국의 기상학자인 에드워드 노턴 로렌즈(Edward Norton Loernz)가 소개한 이론으로, 아주 작은 변화가 결과에서는 매우 큰 차이를 만들 수 있다는 것을 말합니다.

예를 들어 브라질에 있는 한 마리 나비의 날갯짓이 처음에는 미미하지만 시간이 지남에 따라서 엄청난 변화로 이어지며 미국의 텍사스에 토네이도(tornado)를 일으킬 수도 있다는 것입니다. 그래서 그는 지구상에는 어디선가 일어날 수 있는 조건들이 너무 많기 때문에 날씨를 정확하게 예측하기는 매우 어려운 일이라고 했습니다.

오늘날 기상 관측에 인공지능(AI)을 활용한 슈퍼컴퓨터를 활용하지만 기상 예보가 정확하지 않고 종종 틀리는 경우가 있습니다. 이는 기후변화, 기압, 엘니뇨, 지구의 온난화 등 예측할 수 없는 조그마한 조건들이 수없이 많기 때문입니다.

큰일은 조그마한 것에서부터 시작됩니다. 아무리 높은 태산도 한 줌의 흙으로 이루어지고, 아무리 깊은 바다도 조그마한 물줄기가 모여 이루어집니다. 무슨 일이든 작은 일을 소홀히 하면 아무것도 이룰 수 없습니다.

조그마한 것을 놓치지 않아야 큰일을 할 수 있습니다.

5   대기만성(大器晩成)

字解　큰 대 大 · 그릇 기 器 · 늦을 만 晚 · 이룰 성 成

語義　큰 그릇은 늦게 이루어진다.

解義　큰 인물이 되기 위해서는 많은 노력과 시간이 필요하다.

삼국시대 위(魏)나라에 최염(崔琰)이라는 유명한 장군이 있었습니다. 그는 풍채가 좋고 재능이 뛰어나 많은 사람들에게 이름이 알려져 있었습니다. 그러나 그의 사촌 동생 최림(崔林)은 생김새도 부족하고 출세를 하지 못해 친척들과 주위 사람들은 그를 무시했습니다.

어느 날 최염이 조조의 부름을 받아 장군(將軍)직을 하사 받자 많은 사람들이 그의 집에 모여들어 승진을 축하해 주었습니다.

저녁이 되자 친척들이 모두 한자리에 모여서 즐겁게 담소(談笑)를 나누고 있었습니다. 그때 집안의 큰 어른이 말했습니다.

"나는 오래전부터 염이가 큰 인물이 될 줄 알았다. 어려서부터 공부는 물론이고 무예(武藝) 솜씨도 남달리 뛰어났지."

"그렇습니다. 이제 장군이 되었으니 우리 집안은 크게 번성(繁盛)할 것입니다."

여기저기서 최염을 앞다투어 칭찬했습니다.

"그런데, 최림이는 아직도 벼슬길에 오르지 못했다면서?"

　　　　　　　　　　　　　　삶의 지혜를 배우는 고사성어

"예, 아직 공부 중에 있습니다."

집안 어른들이 걱정을 하자 최림은 조용히 밖으로 나왔습니다. 둥그런 달이 하늘에 떠 있었습니다. 뒤따라온 최염은 동생의 인물됨을 알아보고 두 손을 꼭 잡으며 말했습니다.

"아우야! 큰 종이나 큰 솥은 그렇게 쉽게 만들어지는 것이 아니다. 마찬가지로 큰 인물도 성공하기까지는 오랜 시간이 걸리는 법이다. 내가 보기에 아우는 대기만성(大器晩成) 할 사람이다. 열심히 노력하면 반드시 큰 인물이 될 것이다."

최염의 말에 최림은 감격하여 말했습니다.

"형님께서 그렇게 말씀해 주시니 힘이 납니다. 뜻을 이룰 때까지 좌절하지 않고 열심히 노력하겠습니다."

몇 년 후, 벼슬길에 오르기 시작한 최림은 천자(天子)를 보좌하는 삼공(三公)의 자리까지 오르게 되었습니다. 그리고 황제를 충실히 보필하면서 훌륭한 업적을 남겼습니다.

대기만성(大器晩成)은 '큰 그릇을 만드는 데 시간이 오래 걸린다.'는 뜻으로 '크게 될 사람은 늦게 이루어진다.'는 말입니다. 오늘날에는 나이가 들어 늦게 성공한 사람을 가리키는 말로 사용하기도 합니다.

6 불비불명(不飛不鳴)

字解 아니 불 不 · 날 비 飛 · 아니 불 不 · 울 명 鳴
語義 날지도 않고 울지도 않는 새.
解義 큰일을 하기 위해 조용히 때를 기다린다.

초(楚)나라 6대 장왕(莊王)은 부친인 목왕(穆王)이 죽자 왕위에 올랐습니다. 이때 나라는 재해와 기근으로 민심이 흉흉하고 반란까지 일어나 매우 혼란스러웠습니다. 불안정한 정국(政局)속에서 장왕은 정사(政事)를 중신(重臣)들에게 맡기고, 음주가무(飲酒架舞)와 사냥을 즐기면서 나랏일을 돌볼 생각을 하지 않았습니다. 거기에 자신에게 '간언(諫言)하는 자가 있으면 죽음을 당한다.'는 경고까지 했습니다.

이런 생활이 삼 년 동안 계속되자 임금에게 바른말을 하는 신하는 없고, 관리들은 해이해져 법령도 제대로 시행되지 않았습니다. 나라가 혼란스러워지자 주변의 여러 나라들은 호시탐탐 침략의 기회만 노리고 있었습니다. 이와 같이 나라가 언제 망할지 모르는 위기에 처해 있었지만 장왕에게 충언(忠言)하는 신하는 아무도 없었습니다.

그러던 어느 날 이를 보다 못한 오거(伍擧)라는 신하가 찾아와 죽음을 각오하고 말했습니다. 그때 장왕은 미녀들을 끼고 연회석상에서 술을 마시고 있었습니다.

삶의 지혜를 배우는 고사성어

"전하, 어느 숲속에서 큰 새 한 마리가 날아와 궁궐 안에 앉았습니다. 그런데 이상하게도 삼 년이 지나도록 꼼짝도 하지 않은 채 날지도 울지도 않고 있습니다(不飛不鳴). 이 새가 어떤 새인지 알고 계시는지요?"

장왕은 잠시 생각에 잠기더니 오거를 보며 말했습니다.

"그 새는 삼 년 동안 날지 않았으니 한 번 날아오르면 하늘에 닿을 정도로 높이 날아서 오를 것이며, 삼 년 동안 울지 않았으니 한 번 울면 온 세상 사람들을 깜짝 놀라게 할 것이오. 경의 뜻을 알았으니 이만 물러가시오."

그 후, 몇 달이 지나도 장왕의 행동이 조금도 달라지지 않자 이번에는 대부 소종(蘇從)이 목숨을 걸고 간언(諫言)했습니다.

"경은 나에게 간언하는 자는 죽임을 당한다는 사실을 알고 있는 것이오?"

"예, 잘 알고 있습니다. 전하께서 국정에 전념하여 주신다면 죽어도 여한이 없습니다."

소종이 충심으로 직언을 올리자 장왕은 비로소 방탕한 생활을 중단하고 정치를 살피기 시작했습니다. 간신들과 부정부패한 관리들을 제거하고, 오거와 소종과 같은 충신들을 등용하여 국정을 논의하면서 어지러운 나라의 기틀을 바로잡았습니다.

그동안 장왕은 나라가 혼탁하여 충신과 간신을 구분할 수 없게 되자, 신하들의 동태를 살피면서 누가 나라를 위한 사람이고 해로운 사람인지 알아보면서 때를 기다리고 있었던 것입니다. 그리하여 초나라 국력은 하루가 다르게 강력해지면서 부국강병(富國强兵)을 이루었습니다.

그 후 장왕은 정(鄭)나라를 공격하여 함락시켰으며, 그해 여름에 진(晉)나라를 물리치고 춘추시대(春秋時代) 두 번째 중원의 패자(霸者)가 되었습니다. 장왕은 그의 말대로, 날갯짓 한 번과 한 번의 울음으로 그동안 잃었던 모든 것을 되찾고 세상 사람들을 깜짝 놀라게 했습니다.

이와 같이 불비불명(不飛不鳴)은 재능이 있는 자가 큰일을 하기 위해 적절한 때를 기다린다는 뜻으로, 일단 뜻을 펼치면 큰일을 한다는 긍정적인 말입니다.

삶의 지혜를 배우는 고사성어

삶의 지혜(智慧)

주(周)나라 문왕(文王) 때 강상(姜尙)이란 사람이 있었습니다. 그는 위수(渭水) 강가에서 70세가 넘도록 낚시만 하고 있었습니다. 낚시를 하는 것처럼 보였지만 사실은 세월을 낚으며 때를 기다리고 있었습니다.

어느 날 문왕이 사냥을 나가 강가를 지나가다가 낚시를 하고 있던 강상을 만났습니다. 문왕은 노인이 범상치 않은 인물임을 알아보고 그와 이야기를 나누어 보니 전략가(戰略家)로 당시의 정세를 훤히 꿰뚫어 보고 있었습니다. 둘이는 병법과 군주(君主)의 정치 자세에 대한 문답(問答)을 시간 가는 줄 모르고 밤새도록 나누었습니다.

그 후 강상은 둘이서 나눈 이야기를 정리하여 문왕에게 전했는데, 이 책이 중국 최초의 병법서이자 통치서인『육도(六韜)』입니다. 6권 60편으로 구성되어 있으며, 군사 분야에 중점을 둔 다른 병법서(兵法書)와 달리 국가 운영에 대한 이야기와 인간과 치세(治世)를 중심으로 저술되었습니다.

문왕은 강상을 선조 태공(太公)이 간절히 바라던 인물(望)이라고 하여 태공망(太公望)이라 칭하며 국사(國師)로 봉했습니다. 강태공은 정치, 군사 전문가로 문왕을 도와서 은(殷)나라를 무너뜨리는 데 결정적인 공을 세웠으며, 그 공으로 제(齊)나라 제후(諸侯)로 봉해졌습니다.

오늘날 사람들이 한가롭게 낚시를 하러 다니는 사람이나, 낚시를 무척 좋아하는 사람을 강태공(姜太公)이라고 부르는데 이 고사의 태공망(太公望)에서 유래되었습니다.

『채근담(菜根譚)』에 "오랫동안 엎드려 때를 기다린 자는 반드시 높이 날고, 먼저 피어난 꽃은 일찍 시들어 버린다."는 말이 있습니다. 원대한 꿈을 이루기 위해서는 충분한 휴식과 부단한 준비가 필요하고, 때를 모르고 일찍 피어난 꽃은 먼저 사라지게 된다는 뜻입니다.

힘을 비축한 물고기가 용문(龍門)에 오르면 구름 위에 나는 용이 되고, 붕(鵬)새는 한 번 쉬면 구만 리를 날아간다고 했습니다.

꾸준히 자신을 갈고 닦으면 언젠가는 높이 날 때가 옵니다.

7 등용문(登龍門)

字解 오를 등 登 · 용 용 龍 · 문 문 門

語義 용이 되어 하늘로 올라가는 문.

解義 입신출세의 어려운 관문.

후한(後漢) 말 환제(桓帝) 때의 일입니다. 선초(禪超) 등 환관(宦官)의 무리들은 정권을 장악한 후 국정에 개입하여 관직을 사고파는 등 온갖 횡포를 저질렀습니다. 그러자 정치는 난로 문란해지고 기강은 해이해졌으며, 사회는 부정부패로 갈수록 혼란스러워졌습니다.

이때 퇴폐한 무리들을 바로잡기 위해서 일어선 사람이 이응(李膺)이었습니다. 이응은 영천(潁川)의 양성(襄城) 출신으로 청렴하고 결백하며 불의를 묵과하지 않는 유능한 관리이며 학자였습니다. 그는 규율을 엄하게 지키고, 일호의 부정도 용납하지 않았으며, 조정의 부당한 개입에는 신명(身命)을 걸고 직분을 수행했습니다.

어느 날 환관 장양(張讓)의 동생 장삭(張朔)이 죄를 지어 형의 집에 숨어들었습니다. 소식을 들은 이응은 군사들을 이끌고 가서 그의 죄를 묻고 공개적으로 처형했습니다. 장양은 동생이 억울하게 죽었다고 황제에게 하소연했으나 아무런 죄가 없음이 밝혀져 풀려났습니다. 이때부터 환관들은 이응의 이야기만 들어도 벌벌 떨었습니다. 이런 와중에서도 이응은 환관들의 계략에 의해 감옥에 갇히는 등 온갖 어려움을 겪었으나 굴복하지 않았습니다.

태학(太學)의 젊은이들은 이를 보고 경모(景慕)하며 '천하의 모범'이라고 칭찬을 아끼지 않았습니다. 당시 관료나 학자들은 이응에게 추천을 받는 것을 큰 영광으로 알았으며, 이응과 교류한 사람들은 그의 후광에 힘입어 유명해졌습니다. 그러나 그에게 추천을 받는 것은 잉어가 용문(龍門)을 거슬러 올라가 용이 되는 것만큼 어려웠습니다. 그래서 사람들은 "이응에게 인정받는 것은 용문을 거슬러 오르는 것과 같다(登龍門)."고 했습니다.

용문(龍門)은 중국 황하(黃河) 상류에 있는 물살이 거센 협곡입니다. 폭포처럼 내려 쏟아지는 급류 지역으로 너무도 물살이 거세어 큰 잉어도 거슬러 오르는 것이 거의 불가능에 가까운 일이었습니다. 그러나 황하의 수많은 잉어들은 용이 되려는 대망(大望)의 꿈을 품고 용문에 모여들었습니다. 거센 물길을 뚫고 험한 물길을 오르려고 온갖 힘을 다하지만 암벽에 부딪쳐 죽음을 당하기도 하고, 비늘이 수없이 뜯겨진 채 기진맥진하여 둥둥 떠내려가기도 합니다. 이와 같은 수많은 잉어의 무리 중에 험난한 물길을 거슬러 올라 당당히 용문(龍門)에 오르면 용(龍)이 된다는 전설이 있습니다. 여기에서 나온 말이 등용문(登龍門)입니다.

'등용문(登龍門)'은 어려운 난관을 통과해서 크게 출세하는 것을 뜻합니다. 옛날에는 과거시험에 급제하는 것을 가리켰으나, 오늘날에는 각종 고시나 그 밖에 어려운 시험에 합격하여 출세의 관문에 서는 것을 의미합니다.

옛날 사람들의 등용문(登龍門)인 과거제도는 수(隋)나라 문제(文帝)가 중국을 재통일 한 후 새로운 관리를 선발하기 위해 시행했습니다(587년). 당(唐)나라와 송(宋)나라에 이르러 보편화되었으며, 당나라에서는 외교 관계 개선을 목적으로 주변국들의 인재에게 응시 자격을 주었습니다. 신라의 최치원은 868년 당나라로 건너가 6년 후에, 외국인을 대상으로 실시하는 빈공과(賓貢科)에 장원으로 급제하여 관료 생활을 했습니다.

우리나라에서는 신라 원성왕 4년(788년)에 실시한 독서삼품과(讀書三品科)가 시초였습니다. 고려 광종 9년(958년)에 후주(後周)에서 귀화한 쌍기(雙冀)의 건의에 의해 시행된 후, 조선시대에는 과거의 문제점을 대폭 개선하여 수많은 인재를 배출했습니다.

8 금의환향(錦衣還鄉)

字解　비단 금 錦 · 옷 의 衣 · 돌아올 환 還 · 고향 향 鄕

語義　비단옷을 입고 고향에 돌아옴.

解義　벼슬을 하거나 크게 성공하여 고향에 돌아온다.

초(楚)나라 항우와 한(漢)나라 유방이 천하를 놓고 싸울 때 일입니다. 유방이 함양(咸陽)에 입성한 지 한 달 후에 항우는 40만 대군을 이끌고 홍문(鴻門)에 진을 쳤습니다. 이때 유방의 군사 수는 10만에 불과했습니다. 전세가 절대적으로 불리하자 유방은 참모 장량(張良)과 진평(陳平)의 건의로 항우에게 함양을 양보했습니다.

함양에 입성한 항우는 이미 항복한 황제 자영(子嬰)을 죽이고 아방궁(阿房宮)에 불을 질렀습니다. 여기에 진시황(秦始皇)의 무덤을 파헤치는가 하면, 궁전에 있는 금은보화를 차지한 후, 미녀들을 곁에 두고 밤낮으로 향락을 일삼았습니다. 이를 보다 못한 신하 범증(范增)이 간곡히 충언했지만 들은 척도 하지 않았습니다. 오히려 진나라에 있는 금은보화와 미녀들을 모두 실어서 자신의 고향인 팽성(彭城)으로 수도를 옮기려고 했습니다. 그러자 신하 한생(韓生)이 간곡히 요청했습니다.

"이곳 함양은 산과 강으로 둘러싸여 있어 적이 함부로 넘볼 수 없고 땅도 비옥하여 더할 나위 없이 좋은 명당입니다. 이곳에 도읍을 정하고 천하를 얻으십시오."

그러나 항우는 하루 빨리 고향으로 돌아가 자기의 성공을 자랑하고 싶었습니다.

"내가 공을 세웠는데 고향에 돌아가지 않는다면 비단옷을 입고 밤길을 돌아다니는 것과 무엇이 다르겠는가(錦衣夜行). 비단옷을 입었으면 고향으로 돌아가는 것이 마땅하다(錦衣還鄕)."

한생이 물러나와 항우의 능력과 식견의 한계를 비웃으며 말했습니다.

"예로부터 '초나라 사람은 원숭이에게 갓을 씌워 놓은 듯하다.'라는 말이 있는데 과연 그 말이 맞구나!"

원숭이에게 아무리 좋은 갓을 씌워 주어도 참을성이 없어 벗어던져 버린다는 말로, 초나라 사람의 성질이 경솔하고 거칠다는 것을 비유한 말이었습니다.

이 말을 전해들은 항우는 화가 머리끝까지 치밀어 올라 즉시 한생을 죽이고 도읍을 자신의 고향인 팽성으로 옮겼습니다. 항우는 고향 사람들에게 자신의 공을 널리 알릴 수 있었지만, 해하전투(垓下戰鬪)에서 유방에게 패하여 천하를 빼앗기고 말았습니다.

이 성어(成語)는 본래 항우의 실책을 지탄하는 부정적인 의미가 내포되어 있지만 오늘날에는 긍정적인 뜻으로 사용하고 있습니다. 타지에 나가서 크게 성공하여 자랑스럽게 고국이나 고향에 돌아오는 것을 비유적으로 이르는 말입니다.

삶의 지혜(智慧)

속담에 "개천에서 용 난다."는 말이 있습니다. 어려운 환경 속에서도 훌륭한 사람이 나올 수 있다는 이야기입니다.

석륵(石勒)은 오호십육국시대(五胡十六國時大) 흉노(匈奴)의 갈족(羯族) 출신으로 후조(後趙)를 건국했습니다.

그는 심한 기근(飢饉)으로(302~303) 부족이 흩어지는 바람에 떠돌이 생활을 하던 중 서진(西晉)의 병주자사 사마등에게 잡혀 노예로 팔렸습니다. 주인은 그가 재능이 뛰어나고 비범한 인물임을 알아보고 노예에서 해방시켜 주었습니다.

팔왕(八王)의 난이 일어나자 석륵은 용병(傭兵)으로 참여했으나 전쟁에서 패하여 광문제(光文帝) 유연(劉淵)에게 항복했습니다. 유연의 휘하에 들어간 그는 여러 전투에서 전공을 세우며 독자적인 병력을 이끌면서 군단(軍團)의 수장까지 오르게 되었습니다. 그리고 전조(前趙)를 멸망시킨 후 황제가 되었습니다.

후조의 황제에 오른 석륵은 스스로 군주(君主)의 자질을 키워 나가는 데 노력했습니다. 근신하며 겸허한 자세로 사람들을 대했으며, 신하들에게 책을 읽도록 하여 스스로 배우고 익히는데 게을리 하지 않았습니다. 또한 세금을 합리화하고, 농상(農商)을 장려하여 무너진 경제를 부흥시켰습니다. 이러한 정책으로 백성들은 경제적 안정을 되찾았으며 편안한 삶을 누리게 되었습니다. 선정(善政)을 펼치던 석륵은 죽기 전에 자신으로 인하여 백성들에게 민폐를 끼치지 않도록 명을 내렸습니다.

 "장례는 3일장으로 하고 관료들은 장례를 마치면 바로 상복을 벗도록 하라. 결혼, 제사, 음주, 육식을 금하지 말고, 변방의 장수들은 나로 인해 자리를 이탈하지 말라. 무덤에는 금은보화나 어떤 부장품(副葬品)도 넣지 말도록 하여라."

 후세 사람들은 석륵을 영웅이자 명군(名君)으로 모자람이 없다고 평가했습니다.

 역사 속의 위대한 인물들은 어려운 역경(逆境) 속에서도 굴하지 않고 용기 있게 싸워서 자신의 뜻을 이룬 사람들이 많습니다. 온실 속에서 자란 화초는 조금만 추워도 시들지만, 소나무와 잣나무는 추운 겨울 눈보라를 견디었기에 푸름을 자랑합니다.

 금광석이 뜨거운 제련 과정을 거쳐야 순수한 금이 되듯이, 시련과 역경(逆境)은 나의 성장을 위한 도약의 발판입니다.

9 마부작침(磨斧作針)

字解　갈 마 磨 · 도끼 부 斧 · 지을 작 作 · 바늘 침 針

語義　도끼를 갈아 바늘을 만든다.

解義　아무리 어려운 일이라도 꾸준히 노력하면 이룰 수 있다.

당(唐)나라 시대 이백(李白)은 두보(杜甫)와 함께 중국 최고의 고전 시인(古典詩人)으로 알려져 있습니다. 자가 태백(太白)이어서 이태백(李太白)이라고 부르며, 주로 여행, 이별, 신선, 술과 달을 소재로 한 시를 많이 썼습니다.

이백은 아버지가 무역에 종사하는 사람이어서 비교적 부유한 생활을 하면서 촉(蜀)나라 성도(成都)에서 유년 시절을 보냈습니다. 그때 이백은 사천성 상의산(象宜山)에 있는 훌륭한 스승 밑에서 공부하고 있었습니다.

어느 날 책을 읽던 이백은 매일매일 책을 읽다 보니 공부에 싫증이 나서 집에 돌아가고 싶은 마음에 스승에게 말도 없이 산을 내려왔습니다. 그때 계곡을 따라 흐르는 냇가에서 한 노인이 바위에 열심히 도끼를 갈고 있었습니다. 하도 신기하고 이상한 광경이어서 이백이 물었습니다.

"할머니 지금 무얼 하고 계세요?"

　삶의 지혜를 배우는 고사성어

"응, 바늘을 만들려고 도끼를 갈고 있단다(磨斧作針)."

할머니는 도끼 가는 손길을 멈추지 않고 말했습니다.

"할머니 농담하지 마세요. 어느 세월에 이렇게 큰 도끼가 바늘이 되 겠어요?"

그러나 할머니는 진지한 표정으로 말을 이었습니다.

"그렇게 생각할 수도 있지. 그러나 도끼 가는 일을 중도에 그만두지 만 않는다면 나중에는 세상에 둘도 없는 아주 좋은 바늘이 된단다."

이백은 할머니의 말이 도무지 무슨 말인지 이해가 되지 않았습니다. 그러나 한참을 생각한 이백은 자신의 생각이 부족했음을 깨달았습니다.

'그렇다! 중도에 그만두지만 않는다면 무슨 일이든 못 할 일이 없을 것이다.'

노인의 꾸준한 노력에 크게 감명을 받은 이백은 공손히 인사를 하고 다시 발길을 돌려 산으로 올라갔습니다.

그때부터 이백은 뜻을 굳건히 하고 공부에 정진했습니다. 간혹 공부 하기가 싫을 때는 바늘을 만들려는 노인의 모습을 생각하며 마음을 다 스렸습니다. 결국 그는 모든 사람들이 우러러 보는 중국 문학사상 최고 의 시인(詩人)이 되었습니다.

사람들은 시(詩)의 경지에 오른 이백(李白)을 시선(詩仙)이라 했습니 다. 그는 성격이 활발하여 세속의 생활에 매이지 않고 자유분방한 생활 을 하면서 시를 읊었습니다. 한때 현종의 부름을 받고 한림공봉(翰林供 奉)이라는 관직을 하사받고 일하면서 궁정시인(宮廷詩人)이 되기도 했습니다. 하지만 애첩(愛妾) 양귀비(楊貴妃)와 향락에 빠져 노는 현종의 모습을 보고 환멸을 느껴 관직을 그만두었습니다.

이후 이백은 두보(杜甫)와 함께 중국 대륙 이곳저곳을 돌아다니며 자연을 소재로 한 낭만적인 시(詩)를 많이 남겼습니다. 그래서 그의 죽음 역시 채석강(彩石江)에서 술을 마시다 물속에 비치는 달을 건지려고 강물에 뛰어들어 신선(神仙)이 되었다는 이야기가 전해 오고 있습니다.

현재 그의 시는 양귀비의 아름다움을 노래한 「청평조사(淸平調詞)」와 달빛 아래서 술 마시는 즐거움을 나타낸 「월하독작(月下獨酌)」 등 1,100여 편의 시가 현존하고 있습니다.

'마부작침(磨斧作針)'은 '불가능하다고 생각하는 것을 가능하게 만든다.'는 뜻보다 '아무리 어려운 일도 끈기를 가지고 노력하면 언젠가는 이루어진다.'는 뜻을 가지고 있습니다.

10 수적석천(水滴石穿)

字解 물 수 水 · 물방울 적 滴 · 돌 석 石 · 뚫을 천 穿

語義 물방울이 돌을 뚫는다.

解義 꾸준히 노력하면 큰일을 이룰 수 있다.

중국 북송(北宋) 때 장괴애(張乖崖)라는 사람이 있었습니다. 그가 숭양현(崇陽縣) 현령(縣令)으로 지내던 때의 일입니다. 당시 사회에서는 하급 관리가 상급 관리를 무시하는 좋지 못한 풍조가 있었습니다. 장괴애는 이러한 풍조를 대단히 증오하며 기회가 오면 이런 행위를 엄중하게 벌하여 잘못된 관행(慣行)을 바로잡기로 결심했습니다.

어느 날 장괴애는 관아(官衙)를 돌아보다가 창고에서 황급히 도망치는 하급 관리를 보았습니다. 그의 행동이 수상하여 잡아서 심문하여 보니 상투 속에서 한 푼짜리 엽전이 나왔습니다. 즉시 형리(刑吏)에게 명하여 곤장을 치라고 하자 그는 반발하며 큰 소리로 외쳤습니다.

"엽전 한 닢 가지고 너무 하시지 않습니까? 이런 것이 무슨 큰 죄가 된다고 이러십니까? 곤장을 칠 수는 있겠지만 목은 벨 수 없습니다."

이 말에 장괴애는 대노(大怒)하며 이렇게 말하고 처벌하였습니다.

"하루에 일 전이면 천 일에는 천 전이 된다(一日一錢 千日千錢). 이는 먹줄로 톱질하여 나무를 자르고, 물방울도 끊임없이 떨어지면 돌에 구멍을 뚫는 것과 같다(繩鋸木斷 水滴石穿, 승거목단 수적석천)."

장괴애는 말을 마치자 칼을 뽑아 들고 계단을 내려와서 서슴없이 죄인을 베어 버렸습니다.

그 후 숭양현의 모든 사람들은 경각심을 갖게 되었고 도둑질을 하는 사람들이 없게 되었습니다.

위 성어(成語)는 원래 '바늘 도둑이 소 도둑 된다.'는 속담과 같이 사소한 죄라도 버릇이 되면 큰 죄를 저지르게 되므로 처음부터 벌을 엄히 다스려야 한다는 뜻으로 쓰였습니다. 오늘날에는 '티끌 모아 태산'이라는 말과 같이 아주 작은 힘이라도 끊임없이 노력하면 큰일을 이룰 수 있다는 뜻으로 사용되고 있습니다.

삶의 지혜(智慧)

노아 웹스터(Noah Webster)는 문법학자이며 교육자로서 최초로 미국식 영어 사전을 만든 사람입니다. 1776년 미국이 독립할 당시 사람들은 낱말의 뜻을 모르면 영국에서 만든 영어사전을 사용했습니다. 두 나라는 지리적으로 너무 멀리 떨어져 있어서 미국에서는 낱말의 뜻이 변하고, 영국에서는 새로운 낱말이 생겨나기도 했습니다.

이때 웹스터는 글을 이해하는 학생들이 혼란스러워하자 영국 교과서를 가지고 공부하는 것이 옳지 않다고 생각했습니다. 그래서 미국의 독자적인 교과서의 필요성을 느끼고『영문법 강화』3권을 발행했습니다.

그 후 일상생활에서 언어 소통에서 여러 가지 문제점이 생기자 웹스터는 1801년 영국식에서 벗어난 미국식 영어를 표준화 하겠다는 결심을 했습니다. 그리고 사전 편찬을 위해 전국 각지를 돌아다니며 독특한 낱말을 모으고 유럽에 가서 각국의 사전을 연구했습니다. 온갖 노력을 기울인 결과 27년 후, 1828년에 7만 개 이상의 단어가 포함된 세계 최고의『아메리칸 영어 사전』을 만들어 냈습니다.

노아 웹스터의 이러한 집념과 노력으로 태어난 사전은 200년이 가까운 지금까지도 영어사전의 대명사가 되었습니다. 그의 노력으로 미국 사회는 하나로 통합되었으며 영어는 오늘날 세계의 중심어가 되었습니다.

무슨 일이든 쉽게 이룰 수 있는 것은 아무것도 없습니다. 자신의 목표에 도전하다 보면 힘들고 어려운 때가 있기 때문입니다. 미국의 링컨 대통령은 1832년 주 의회 의원에 낙선한 후 사업에 실패하여 온갖 고초를 겪었습니다. 그 뒤 의원 선거에 다시 실패하고 부통령 선거에 낙선한 후 1860년에 대통령에 당선되었습니다. 그리고 이렇게 말했습니다.

"내가 걷는 길은 언제나 험하고 미끄러워 길 밖으로 곤두박질치곤 했다. 그러나 나는 곧바로 기운을 차리고 내 자신에게 말했다. 길이 약간 미끄러울 뿐이지 낭떠러지는 아니다."

오뚝이와 같이 일어서는 불굴의 정신! 흔들림 없이 자신의 길을 묵묵히 가는 것이 최후의 승리자가 되는 방법입니다.

삶의 지혜를 배우는 고사성어

11   우공이산(愚公移山)

字解   어리석을 우 愚 · 공평할 공 公 · 옮길 이 移 · 뫼 산 山
語義   어리석은 우공이 산을 옮긴다.
解義   어떤 일이든 꾸준히 노력하면 반드시 목적을 이룰 수 있다.

중국 태형산(太形山)과 왕옥산(王屋山) 사이에 90세가 된 우공(寓公)
이라는 노인이 살고 있었습니다. 두 개의 산은 사방이 칠백 리에 높이가
만 길이나 되었으며, 기주(冀州)의 남쪽과 하양(河陽)의 북쪽에 있었습
니다. 두 산이 가로막혀 우공의 식구들과 마을 사람들은 항상 먼 산길을
돌아가야만 했습니다. 고민하던 우공은 어느 날 집안 식구들을 모두 불
러서 자기의 생각을 이야기했습니다.

"너희들도 잘 알고 있지만, 마을 앞에 있는 두 산 때문에 우리는 물론
동네 사람들 모두가 불편한 점이 이만저만이 아니다. 나는 너희들과 함
께 힘을 합하여 저 험한 산을 깎아 평지로 만들어 사람들이 편안하게 오
고 갈 수 있도록 하고 싶은데 너희들 생각은 어떠하냐?"

우공이 이야기하자 모두 찬성을 했으나 그의 아내가 어처구니가 없
다는 듯이 말했습니다.

"지금 당신은 조그마한 언덕배기 하나도 파헤치기 어려운데 저 큰 산
을 어떻게 깎아 내릴 것이며, 그 많은 흙과 돌은 어디에다 버리시럽니까?"

"그런 걱정은 하지 마시오. 흙이나 돌은 발해(渤海)의 끝에다 버리면 되오."

결국 아내도 우공의 고집을 꺾지 못했습니다.

다음 날부터 우공은 그의 아들과 손자들을 데리고 돌을 캐고 흙을 파내어 삼태기에 담아서 발해의 끝에 가져다 버렸습니다. 하루도 쉬지 않고 눈을 뜨기만 하면 산으로 달려가서 일을 계속했습니다. 하지만 발해는 워낙 거리가 멀어서 일 년에 한 번 정도 오고 갈 정도였습니다.

이 모습을 보고 하곡(河曲)에 사는 지수(智叟)라는 노인이 비웃으며 말렸습니다.

"어찌하여 이런 어리석은 일을 하십니까? 살아생전 일을 해 보았자 한쪽 모퉁이밖에 팔 수 없을 텐데 되지도 않을 일을 사서 고생하십니까. 지금이라도 당장 그만두도록 하십시오."

"모르는 소리 하지 마시오. 어리석은 사람은 내가 아니라 당신이오. 당신의 말대로 내 나이 구십이 넘었으니 앞으로 얼마나 일을 하겠소. 그러나 내 생전에 산을 옮기지 못하면 어떻겠소. 내가 죽는다 해도 아들이 손자를 낳고, 손자가 자식을 낳고, 그 손자 자식이 아이를 낳고, 그 아이가 또 아이를 낳아서 그 자손들이 옮기면 언젠가는 산이 없어질 것이요. 그때가 되면 이 마을 후손들이 얼마나 편리하게 살겠소."

지수 노인은 너무도 확신에 찬 우공의 대답에 할 말을 잃고 돌아갔습니다.

그런데 그 말을 듣고 놀란 것은 두 산의 산신(山神)이었습니다. 산을 파내는 일이 계속되면 언젠가는 산이 없어져 큰일이라고 생각하여 천제(天帝)에게 이 사실을 알렸습니다.

천제는 우공의 정성과 노력에 감동받아 천계(天界)에서 가장 힘이 센 두 신에게 명하여 하나는 삭동(朔東)에, 또 하나는 옹남(雍南) 땅에 산을 옮겨 놓았습니다. 이리하여 기주(冀州)의 남쪽과 하양(河陽)의 북쪽에는 낮은 야산도 보이지 않게 되었습니다.

그 후로 '아무리 불가능한 일이라도 끊임없이 노력하면 반드시 이루어지는 경우'를 우공이산(愚公移山)이라는 말로 쓰이게 되었습니다. 무슨 일이든 꾸준히 노력하면 반드시 좋은 결과를 얻을 수 있다는 말입니다.

12 적토성산(積土成山)

字解 쌓을 적 積 · 흙 토 土 · 이룰 성 成 · 메 산 山

語義 흙을 쌓아 산을 이룬다.

解義 작은 것들이 모여 큰 것을 이룬다.

전국시대(戰國時代) 철학자인 순자(荀子)는 공자(孔子)와 맹자(孟子)의 사상을 가다듬고 체계화했습니다. 그는 교육의 중요성을 말하며 바르고 적절한 교육이 있다면 스승보다 더 나은 제자가 될 수 있다고 강조했습니다.

그는 「권학편(勸學編)」에서 학문을 꾸준히 갈고 닦으면 재능의 유무(有無)와 관계없이 큰 성과를 낼 수 있다고 하며 이렇게 말했습니다.

"한 줌의 흙이 모여 커다란 산을 이루면 비바람이 일게 되고(積土成山 風雨與焉), 작은 물이 모여 큰 연못을 이루면 용(龍)이 살게 된다. 선행(善行)을 쌓고 덕(德)을 이루면 마음의 예지(叡智)가 터득되어 스스로 성인의 마음이 갖추어진다. 그러므로 한 걸음 한 걸음 걸어가지 아니하면 천 리 길을 갈 수 없고, 작은 물이 모이지 않으면 바다와 같은 큰 물을 이룰 수 없다. 아무리 좋은 준마(駿馬)라 하더라도 한 번에 열 번을 뛸 수 없고, 아무리 늦은 말이라고 하더라도 열흘을 달려가면 준마를 따를 수 있다. 그러므로 성공은 쉬지 않고 계속 노력하는 데 있다. 칼로 자르다가 그대로 두면 아무리 썩은 나무라도 잘라지지 않지만, 깎고 또 깎으면 쇠나 돌이라도 자를 수 있다."

태산(泰山)이 생긴 것은 오랜 세월 동안 흙을 쌓고 산을 만드는 끊임없는 노력이 있었기 때문입니다. 마찬가지로 학문을 하는 사람도 정성을 다해서 모든 노력을 기울여야 배움이 더욱 깊어져서 완성에 가까워지는 것입니다. 모든 일은 작은 것에서 성취되는 것이니 한 걸음, 한 걸음 학문에 정진하라는 의미입니다.

또한 송(宋)나라 때 주자학(朱子學)을 집대성한 주희(朱熹)는 짧은 시간이 모여 큰 시간이 되는 것이니 세월을 헛되이 보내지 말고 면학(勉學)에 힘쓰라고 권하며 이렇게 시(詩)로 표현했습니다.

少年易老學難成(소년이로학난성)
一寸光陰不可輕(일촌광음불가경)
未覺池塘春草夢(미각지당춘초몽)
階前梧葉已秋聲(계전오엽이추성)

소년은 늙기 쉽고 학문은 이루기 어려우니
짧은 시간이라도 가벼이 여기지 말라.
연못가에 돋은 풀이 봄꿈에서 깨기도 전에
섬돌 앞 오동나무 잎 가을 소리 알린다.

삶의 지혜(智慧)

피그말리온 효과(Pygmalion effect)란 말이 있습니다. 어떤 일에 대해 정신을 집중해서 간절히 소망하면 불가능한 일도 실현된다는 심리적 효과를 말합니다.

피그말리온은 그리스 신화(神話)에 나오는 조각가입니다. 그는 자신이 생각하고 있는 아름다운 여인상을 생각하며 상아(象牙)로 조각했습니다. 온갖 정성을 들여 만든 작품은 완벽하여 살아 있는 여인으로 착각할 정도로 생동감이 넘쳤고 세상의 어떤 여인보다 아름다웠습니다.

피그말리온은 자신도 모르게 그녀를 사랑하게 되었습니다. 하루에 몇 번이고 쓰다듬어 주고, 바닷가에 나아가 조개껍데기를 선물하기도 했으며, 예쁜 꽃을 따다가 한 아름 안겨 주기도 했습니다. 그러나 상아의 여인은 모든 것이 차갑고 말이 없어 그는 언제나 마음이 허전하고 쓸쓸했습니다.

피그말리온의 고향 키프로스섬은 사랑의 여신 아프로디테의 성지(聖地)입니다. 이곳에서는 해마다 아프로디테를 기리는 축제가 열렸습니다. 피그말리온은 신전(神殿)에 정성껏 마련한 제물을 재단에 바치고 여신께 기도를 올렸습니다.

"아프로디테 신이시여, 저 상아의 여인을 부디 제 아내가 되게 하소서……."

그의 정성에 감동한 사랑의 여신 아프로디테는 여인상에 생명을 불어넣어 그의 아내가 되도록 했습니다.

　어떤 일을 할 때 어렵고 힘들어서 도저히 불가능한 일처럼 보일 때가 있습니다. 그러나 "지성(至誠)이면 감천(感天)이다."는 말과 같이 정성을 다하면 이루지 못할 것이 없습니다.

　중용(中庸)에 "정성(精誠)은 스스로 이뤄지며 도(道)는 스스로 행해야 한다. 정성은 만물(萬物)의 처음과 끝이며 정성이 없으면 만물도 없다. 사람의 마음은 모자라는 데가 없어야 하고 이를 행함이 있으면 스스로 이루어진다."고 했습니다.

정성(精誠)을 다하여 끊임없이 노력하면 언젠가는 하늘도 감동합니다.

13 형설지공(螢雪之功)

字解 반딧불이 형 螢 · 눈 설 雪 · 어조사 지 之 · 보람 공 功

語義 반딧불과 눈빛으로 이룬 보람.

解義 어려운 여건 속에서도 열심히 공부하여 성공함.

중국 동진(東晉)에 차윤(車胤)이라는 소년이 있었습니다. 차윤은 성실하고 부지런했으며 학문에 깊은 뜻을 두고 있었습니다. 그러나 집안이 너무 가난하여 공부할 형편이 되지 못하여 낮에는 밭에 나가 일을 하면서도 틈만 있으면 책을 읽었습니다. 밤에 마음껏 책을 읽고 싶었지만 기름 살 형편이 되지 못하여 항상 마음이 무거웠습니다. 차윤은 어떻게 하면 밤에 책을 읽을 수 있을까 곰곰이 생각했으나 뚜렷한 생각이 떠오르지 않았습니다.

어느 날, 일을 마치고 밤늦게 집에 돌아오는 길이었습니다. 풀숲을 지나는데 갑자기 수많은 반딧불이가 하늘로 훨훨 날아오르자 주변이 대낮처럼 환하게 밝아졌습니다.

"그래. 바로 저거야!"

다음 날부터 차윤은 얇은 명주(明紬)로 자루를 만들어 그 속에 반딧불이 수십 마리를 잡아넣고 책상에 매달아 그 빛으로 공부를 했습니다.

차윤은 이렇게 어려운 환경 속에서도 꾸준히 공부하여 이부상서(吏部尙書)라는 높은 벼슬까지 올랐습니다.

같은 무렵 손강(孫康)이라는 소년도 역시 공부를 열심히 했습니다. 손강은 어렸을 때부터 성품이 청렴하고 고결했습니다. 차윤과 마찬가지로 밤에 책을 읽고 싶었지만 가난하여 기름 살 돈이 없었습니다. 밤을 새워 가며 공부를 해도 시간이 부족한 형편이었지만 밤이 되면 한 권의 책도 읽을 수가 없었습니다.

그러던 추운 겨울날 일을 마치고 집에 돌아오는데 눈이 수북이 쌓인 길을 따라 쉽게 찾아올 수 있었습니다.

'내가 어떻게 이런 깜깜한 밤에 쉽게 집에 올 수 있었지?'

손강은 무슨 생각이 떠올랐는지 갑자기 방문을 활짝 열었습니다. 밖에는 많은 눈이 수북이 쌓여 있어서 책을 비추어 보니 글자들이 제법 잘 보였습니다.

그 뒤부터 손강은 눈이 오는 날이면 눈의 빛을 등불 삼아 밤새도록 책을 읽었습니다. 추위와 싸워 가며 열심히 공부한 손강은 과거에 급제하여 어사대부(御史大夫)의 자리까지 올랐습니다.

이와 같이 '형설지공(螢雪之功)'은 반딧불과 눈의 빛을 이용하여 책을 읽은 두 소년의 이야기에서 유래했습니다. '어려운 역경(逆境)을 극복하고 열심히 공부하여 이룬 보람'을 말합니다.

오늘날 사람들은 서창(書窓)을 반딧불이 비치는 창문이라는 뜻에서 형창(螢窓)이라고 하고, 서안(書案)을 눈빛에 책을 읽기 위해 창가에 둔 책상이라는 뜻에서 설안(雪案)이라고 합니다. 그래서 어려운 가운데서도 학문에 힘쓰는 것을 형창설안(螢窓雪案)이라고 합니다.

14 주경야독(晝耕夜讀)

字解 낮 주 晝 · 밭 갈 경 耕 · 밤 야 夜 · 읽을 독 讀

語義 낮에는 밭을 갈고 밤에는 책을 읽는다.

解義 어려운 여건 속에서도 열심히 공부한다.

북위(北魏)때 최광(崔光)이라는 사람이 있었습니다. 그는 가난한 집에서 태어났으나 글 읽기를 무척 좋아했습니다. 낮에는 밭을 갈고 밤에는 책을 읽으며(晝耕夜讀) 글을 필사하는 일을 하면서 부모님을 봉양했습니다. 최광은 이렇듯 학문에 정진하여 중서박사(中書博士) 저작랑(著作郎)이 되었고, 후에는 태자의 스승의 되어 교육을 담당하는 태자태부(太子太傅)가 되었습니다. 후에 개국공(開國公)에 봉해졌으며 문선(文宣)이란 시호를 받았습니다.

그의 이름은 본래 효백(孝伯)이었으나 효문제는 그에게 광(光)이란 이름을 내려 최광이라고 불렀습니다. 효문제는 그를 당대의 최고 학자(學者)로 생각하며 말했습니다.

"효백(孝伯)의 재주는 넓고 깊어서 황하의 물이 동쪽으로 흐르는 것과 같다."

그러면서 모두가 높이 우러러 보는 대문장가 문종(文宗)이라고 하며 그의 학문을 칭송했습니다.

삶의 지혜를 배우는 고사성어

또 후한(後漢) 말기에 동우(董遇)라는 사람이 있었습니다. 그는 가난한 집에서 태어났으나 학문을 좋아하여 낮에는 농사를 짓고 밤에는 경서(經書)를 읽어 학문이 날로 깊어졌습니다(晝耕夜讀). 당시 학자들은 조그마한 재주만 가지고 있어도 유력자에게 자신의 지식을 팔아 출세하려는 시대였습니다. 그러나 동우는 그러한 일에는 아무 관심도 없이 학문에만 정진했습니다. 이러한 학자다운 면모에 반하여 황제였던 헌제(獻帝)는 그를 황문시랑(黃門侍郎)으로 임명하고 경서(經書)를 가르치도록 했습니다. 동우의 명성이 세상에 알려지자 그의 가르침을 받고자 많은 사람들이 몰려들었습니다.

제자들이 공부의 깨우침에 대해 묻자 동우가 대답했습니다.

"必當先讀百遍(필당선독백편) 讀書百編義自見(독서백편의자현)이다."

책을 백 번 읽으면 그 의미를 저절로 깨우치게 된다는 뜻이었습니다. 제자가 그럴 만한 여유가 없다고 하자 동우가 말했습니다.

"책을 읽는 데는 누구나 세 가지 여유가 주어진다(讀書三餘). 농사철이 끝난 겨울은 한 해의 여유이고(冬者歲之餘), 일을 하지 않는 밤은 하루의 여유이며(夜者日之餘), 비가 올 때는 시간의 여유이니(陰雨者時之餘也) 그때를 잘 활용하면 얼마든지 책을 읽을 수 있다."

삶의 지혜(智慧)

카네기는 스코틀랜드 출신으로 미국에 이주하여 철강왕(鐵鋼王)이 된 기업인입니다. 그는 방직공, 배달원 등 여러 직업에 종사하다가 철도 회사에 투자하여 많은 돈을 벌었습니다. 그리하여 1892년에는 철강회사를 설립하여 미국 철강의 65%를 생산하는 큰 회사를 탄생시켰습니다.

그때 카네기 회사에 초등학교 학력이 전부인 찰스 쉬브(Charles Schwab)라는 사람이 청소부로 입사했습니다. 그가 맡은 일은 공장에 있는 조그마한 정원을 관리하는 것이었습니다. 회사에 입사한 쉬브는 자신이 맡은 일은 물론이고 공장 어느 곳 하나 그의 손길이 미치지 않는 곳이 없을 정도로 정성을 다해 일했습니다.

그의 성실성과 근면함이 알려지자 회사에서는 그를 정식 직원으로 채용했습니다. 그는 바쁜 일정에도 회사의 모든 분야를 틈틈이 공부해서 중요한 업무를 모두 꿰뚫어 보며 직무에 충실했습니다. 카네기는 변함없이 주인 의식을 가지고 최선을 다하는 쉬브의 능력을 인정하여 비서로 임명했습니다.

세월이 흘러 카네기가 은퇴할 때가 되었습니다. 후계자 문제가 매스컴에 보도되기 시작하자 세상 사람들의 이목(耳目)이 카네기에 집중되었습니다. 그러나 막상 그가 후계자를 지명했을 때 미국은 물론 전 세계 사람들이 깜짝 놀랐습니다. 쉬브라는 무명(無名)의 사람을 지명했기 때문입니다. 카네기는 자신의 아들이나 유능한 회사의 중역들이 많았지만 후계자로 뽑지 않았습니다. 그는 이렇게 말했습니다.

"좋은 대학을 나온 사람들은 매년 수만 명이 나오지만 쉬브와 같이 성실성과 책임감을 가진 사람은 좀처럼 나타나지 않습니다. 이 회사를 성장시키는 것은 학력이 아니라 어떤 문제에 부딪쳤을 때 그것을 해결하고자 하는 정신 자세가 중요합니다. 지식과 충고가 필요하면 박사나 석사 학위를 받은 유능한 사람을 채용하면 됩니다."

오늘날 반딧불과 눈의 빛으로 책을 읽을 정도로 어렵게 공부하는 사람들은 그렇게 많지 않은 것 같습니다. 대부분 학생들은 좋은 환경과 여건에서 부족함이 없이 공부하고 있습니다. 하지만 강한 사람이 되기 위해서는 고난(苦難)을 이겨 내는 인고(忍苦)의 시간도 필요합니다. 그래서 "젊어서 고생은 사서도 한다."고 했습니다. 고생을 해 보지 않으면 어려울 때 쉽게 좌절하거나 포기하지만, 고생을 해 본 사람은 과거의 경험을 바탕으로 슬기롭게 어려움을 극복해 나갈 수 있습니다.

역경 속에서 피어난 꽃이 아름답듯이, 어려움은 나를 더욱 강하게 만들어 줍니다.

15 화룡점정(畵龍點睛)

字解 그림 화 畵 · 용 룡 龍 · 점 찍을 점 點 · 눈동자 정 睛

語義 용을 그리고 눈동자에 점을 찍다.

解義 일의 가장 중요한 부분을 마무리하여 완성함.

남북조시대(南北朝時代) 양(梁)나라에 장승요(張僧繇)라는 화가가 있었습니다. 그는 산수화와 불화는 물론 모든 사물을 실물과 똑같이 그리는 남다른 재주가 있었습니다. 그가 절을 방문했을 때 비둘기가 자꾸 법당(法堂)에 들어가 어지럽히자 매를 그려 놓았더니 다시는 나타나지 않았다는 일화(逸話)가 전해질 정도로 그림을 잘 그렸습니다.

당시 양나라에서는 불교를 숭상하여 불교 사원을 크게 건축할 때 황제인 무제(武帝)는 그에게 벽화(壁畵) 그리도록 했습니다.

어느 날 장승요의 집에 금릉(金陵)에 있는 안락사(安樂寺) 주지(住持) 스님이 찾아와 부탁했습니다.

"제가 이번에 안락사(安樂寺) 주지가 되어 가게 되었습니다. 어려운 부탁이지만 불당(佛堂)에 벽화(壁畵)를 그려 넣으려고 하는데 한 쌍의 용이 있는 그림을 그려 주셨으면 합니다."

장승요는 주지 스님의 간곡한 부탁을 흔쾌히 들어주고, 다음 날 안락

삶의 지혜를 배우는 고사성어

사에 나가 절의 벽에 그림을 그리기 시작했습니다.

얼마 지나지 않아서 먹구름을 뚫고 금방이라도 하늘로 날아오를 것 같은 두 마리의 용을 그렸습니다. 몸통은 물결이 움직이는 것처럼 꿈틀거렸으며, 비늘은 갑옷처럼 단단하게 보였고, 발톱은 날카롭기가 독수리와도 같아 마치 살아서 움직이는 것 같았습니다. 구경하던 사람들은 생동감(生動感) 있는 그의 그림을 보고 감탄하지 않는 사람이 없었습니다.

"과연 걸작 중의 걸작이로군! 그림이 마치 살아 움직이는 듯하오. 천하제일의 솜씨요."

그런데 자세히 보니 용의 눈동자가 그려져 있지 않아 이상하여 그 이유를 물었습니다.

"그런데 왜 그림에 용의 눈동자가 없습니까?"

그러자 장승요는 이렇게 대답했습니다.

"만일 눈동자를 그려 넣으면 진짜 용이 되어 하늘로 날아 올라가 버릴 것입니다. 그래서 전 눈동자를 그릴 수가 없습니다."

장승요의 대답에 사람들은 여기저기서 수군거리며 그의 말을 믿지 않고 눈동자를 그려 넣으라고 재촉했습니다. 상황이 이렇게 되자 그는 하는 수 없이 붓을 들고 용의 눈동자를 정성을 다해 그렸습니다. 그리고 마지막 눈동자에 점을 찍자 갑자기 천둥과 번개가 치더니 용이 벽을 차고 하늘로 올라가 버렸습니다(畵龍點睛).

"아니, 이럴 수가. 진짜 용이 되어 하늘로 날아가다니!"

깜짝 놀란 스님들과 사람들은 자신의 눈을 믿을 수가 없었습니다. 잠시 후 마음을 진정시키고 벽을 살펴보니 눈동자를 그리지 않은 용만 벽에 남아 있었습니다.

이때부터 중요한 일의 마지막 마무리를 하는 것을 화룡점정(畫龍點睛)이라고 했습니다. 어떤 일을 할 때 전체적으로 잘 마무리되었는데 무엇인가 한 가지 부족한 점이 있을 때 "화룡에 점정이 빠졌다."고 합니다. '일의 가장 중요한 곳을 마무리하여 완성시키는 것'을 말하며 '그 부분이 유난히 돋보일 때' 쓰이기도 합니다.

삶의 지혜를 배우는 고사성어

16 금상첨화(錦上添花)

字解 비단 금 錦 · 위 상 上 · 더할 첨 添 · 꽃 화 花
語義 비단 위에 꽃을 더한다.
解義 좋은 일에 또 좋은 일이 더하여진다.

왕안석(王安石)은 북송(北宋)의 정치가이며 문필가로 당송팔대가(唐宋八大家)의 한 사람입니다. 그는 정계를 떠나 남경(南京)의 한적한 곳에 은거하면서 다음과 같은 즉흥시를 읊었습니다.

河流南苑岸西斜   風有晶光露有華
(하류남원안서사   풍유정광로유화)
門柳故人陶令宅   井桐前日總持宅
(문유고인도령댁   정동전일총지댁)
嘉招欲覆盃中淥   麗唱乃添錦上花
(가초욕복배중록   여창잉첨금상화)
便作武陵樽葅客   川源應未少紅霞
(편작무릉준저객   천원응미소홍하)

강물은 남원을 흘러 서쪽 언덕으로 기우는데

바람엔 맑은 빛이 있고 꽃에는 이슬 맺혔네.
문 앞에 버드나무는 옛 도령의 집이고
우물가 오동나무는 전날 총지의 집이구나.
좋은 모임에 잔 속의 맑은 술 거듭 비우려 하는데
아름다운 노랫가락은 비단 위에 꽃을 더 하네.
문득 무릉의 술과 안주를 즐기는 나그네 되니
냇물의 근원엔 응당 붉은 노을이 가득하겠지.

금상첨화(錦上添花)는 위 시의 '좋은 곳에 초대 받아 술을 마시면서 노래까지 듣게 된 것이 마치 비단 위에 꽃을 더한 것과 같다.'는 표현과 같이 좋은 일이 겹칠 때 쓰이는 말입니다.

시에 등장하는 도령(陶令)은 도연명(陶淵明)을 말합니다. 그는 당나라 이후 남북조시대 최고의 전원시인(田園詩人)으로 알려진 인물입니다. 그의 집에는 버드나무 다섯 그루가 있었습니다.
총지(總持)는 강총(江總)을 말합니다. 강총은 재상이었지만 나라 일에는 힘쓰지 않고 왕과 주연(酒宴)을 즐기면서 후궁들의 기분을 맞추어 주는 압객(狎客) 노릇을 했습니다. 그의 집 앞에는 우물이 있었고 그 옆에는 오동나무가 있었습니다.

삶의 지혜(智慧)

이탈리아 로마에 있는 바티칸 박물관에 시스티나 예배당이 있습니다. 교황을 뽑는 추기경들의 모임인 콘클라베(conclave)가 열리는 곳으로, 1475년 교황 식스투스 4세의 주문으로 착공하여 1483년 8월 15일에 완공되었습니다. '시스티나'라는 말은 이 성당을 지은 식스투스 4세의 이름에서 유래되었습니다. 이곳에 많은 관광객이 찾는 이유는 미켈란젤로의 천장화(天障畵)와 르네상스 시대의 최고 화가들이 그린 벽화(壁畵)가 있기 때문입니다.

1508년 미켈란젤로는 로마의 교황 율리우스 2세의 명을 받아 시스티나 예배당의 천장화를 그리게 되었습니다. 그는 먼저 창세기 9개 장면을 3그룹으로 나누어 4년 동안 완성할 계획을 세웠습니다. 첫째는 자연을 창조하는 신, 둘째는 아담과 이브, 셋째는 노아에 관한 이야기였습니다.

그리고 신에 대한 존경심을 담아서 성경에 대한 일화들을 어떻게 그릴지 계획을 세운 후, 일을 하나하나 진행하여 나갔습니다. 사람들의 출입을 통제하고 천장 밑에 세운 작업대에 앉아서 고개를 뒤로 젖힌 채 천장에 물감을 칠하며 고된 작업을 했습니다. 작업을 하던 중에도 혹시나 사람들이 보이지 않는 곳에 점 하나, 선 하나 빠진 부분이 있는지 살펴보면서 온갖 정성을 다하며 그림을 그려 나갔습니다. 작업 중에 목과 눈에 병이 생기고 다치기도 했습니다. 그는 오직 작품을 완성하겠다는 굳

은 신념으로 모든 어려움을 극복하고 4년 만에 불후의 대작 〈천지창조
(天地創造)〉를 완성했습니다.

이와 같이 위대한 작품이 탄생하게 된 것은 인간의 무한한 능력과,
사람들이 보이지 않는 어느 곳 하나도 놓치지 않고 마지막까지 최선을
다한 노력의 결과입니다. 우리는 일상생활을 하면서 한순간 마무리가
잘못되어 모든 노력이 물거품이 되는 경우를 종종 보게 됩니다. 그러므
로 일을 할 때는 항상 초심(初心)을 잃지 말고 마지막까지 긴장의 끈을
놓지 않아야 성공할 수 있습니다.

**마지막 한순간의 방심으로 오랫동안 쌓아 온 공든 탑이 무너질 수 있
습니다. 위대함은 처음부터 끝까지 최선을 다하여 마무리하는 데에서
나옵니다.**

삶의 지혜를 배우는 고사성어

17   화씨벽(和氏璧)

字解   화목할 화 和 · 성 씨 氏 · 어조사 지 之 · 옥 벽 璧

語義   화씨의 옥돌.

解義   천하제일의 귀중한 보물.

전국시대(戰國時代) 초(楚)나라에 변화(卞和)라는 사람이 살고 있었습니다. 그는 호북성 남쪽 형산(荊山)에서 크고 신기한 옥돌 하나를 캤습니다. 변화는 옥돌을 소중히 가져다가 임금인 여왕(厲王)에게 바쳤습니다. 여왕은 즉시 옥장(玉匠)을 시켜 진위(眞僞) 여부를 감정하도록 했습니다. 옥장이 말했습니다.

"이 돌은 겉보기는 진짜인 것 같으나 실은 평범한 돌덩이에 불과합니다."

"그럼 돌덩이를 가지고 나를 속였다는 말인가?"

화가 난 여왕은 변화에게 왼쪽 발꿈치를 자르는 월형(刖刑)이란 형벌에 처했습니다.

그 후 여왕이 죽고 그의 아들 무왕(武王)이 새로운 왕이 되었습니다. 이번에는 옥돌의 가치를 알아줄 것으로 믿고 변화는 다시 궁궐로 찾아갔습니다. 무왕 역시 옥돌을 살펴보라고 하자 옥장은 전과 같이 말했습니다.

"전하, 이건 아무 쓸모없는 돌덩이에 불과합니다."

무왕은 여왕과 마찬가지로 자신을 속였다고 생각하여 변화의 오른쪽 발꿈치마저 자르게 했습니다. 변화는 오른쪽 발꿈치와 왼쪽 발꿈치가 모두 잘린 신세가 되고 말았습니다.

세월이 흘러 무왕(武王)이 죽자 이어 문왕(文王)이 즉위하였습니다. 변화는 이번에도 옥돌을 바치려고 했지만 걸을 수가 없기에 옥돌을 껴안고 형산(荊山) 밑에서 사흘 동안 밤낮을 가리지 않고 통곡했습니다. 눈에서는 눈물이 말라 피가 흐를 정도였습니다. 문왕이 소문을 듣고 신하에게 사연을 자세히 알아보게 했습니다.

"세상에는 발꿈치를 잘린 죄인이 수도 없이 많은데 그대는 어찌해서 홀로 이렇게 슬피 우는 것인가?"

변화가 눈물을 흘리며 말했습니다.

"전하, 저는 발꿈치가 잘려서 우는 것이 아닙니다. 올바름을 바르게 보지 못하고, 보배로운 옥돌을 돌덩이라 하며, 아무런 거짓이 없는 정직한 사람을 거짓말을 했다고 하여 벌을 준 것이 슬퍼서 우는 것입니다."

이 말을 들은 문왕은 즉시 옥장에게 옥돌을 갈고닦아서 자세히 살펴보라고 명령했습니다. 그러자 천하에 둘도 없는 진귀한 보물이 영롱한 자태로 세상에 드러났습니다. 문왕은 변화의 정성에 감동하여 많은 상을 내리고 그의 이름을 따서 화씨벽(和氏璧)이라고 부르게 했습니다.

화씨벽(和氏璧)은 천하제일의 귀중한 보물을 비유하거나, 어려움을 견디어 내며 자신의 뜻을 이룰 때 쓰이는 말입니다.

18　완벽(完璧)

字解　온전할 완 完 · 구슬 벽 璧

語義　온전한 옥구슬.

解義　결점이 없이 완전함.

　전국시대 조(趙)나라 혜문왕(惠文王)은 '화씨벽(和氏璧)'이라는 유명한 보물구슬을 가지고 있었습니다. 그때 진(秦)나라의 소양왕(昭襄王)은 구슬이 탐이 나서 열다섯 개의 성(城)과 바꾸자고 제안해 왔습니다. 혜문왕은 염파장군(廉頗將軍)과 대신들을 불러 대책을 논의했으나 별다른 묘책이 나오지 않았습니다. 혜문왕은 이러지도 저러지도 못하여 고민에 빠졌습니다. 이때 유현이라는 신하가 자신의 문객으로 있던 인상여(藺相如)를 추천했습니다. 인상여가 말했습니다.

　"진나라가 성을 준다는 조건으로 구슬을 교환하자고 하는데 조나라가 동의하지 않으면 잘못은 조나라에 있습니다. 그러나 조나라가 구슬을 진나라에 주었는데 성을 주지 않는다면 그 책임은 진나라에 있습니다. 두 가지 책략을 비교하여 보면 청을 들어주고 진나라에 책임을 지우는 것이 나을 것으로 생각됩니다."

　"그럼 누구를 사신으로 보내면 좋겠소?"

　"마땅한 사람이 없으면 제가 진나라에 구슬을 가지고 가겠습니다. 성을 얻으며 구슬을 진나라에 두고 올 것이고, 성을 얻지 못하면 구슬을 온전히 보전하여 조나라에 돌아오겠습니다."

인상여가 구슬을 가지고 진나라에 가자 소양왕은 매우 기뻐하며 신하들은 물론 후궁의 미녀들까지 구경을 시켰습니다. 그러나 성을 주겠다는 말은 한마디도 하지 않았습니다. 인상여는 소양왕이 성을 내어줄 생각이 전혀 없다는 것을 눈치채고 곧바로 앞으로 나아가 말했습니다.

"전하, 사실 그 구슬에는 보통 사람의 눈으로는 보이지 않는 흠집이 하나 있습니다. 제가 어디에 있는지 알려 드리겠습니다."

소양왕이 궁금하여 구슬을 건네주자 인상여가 크게 외쳤습니다.

"조나라는 약속을 지키려고 했지만, 왕께서는 성을 내어줄 마음이 전혀 없으신 듯합니다. 만일 약속을 지키시지 않는다면 저는 이 구슬과 함께 머리를 기둥에 부수어 산산조각 내어 버리겠습니다."

소양왕이 놀라 약속을 다짐하자 인상여는 그 말을 믿지 않고 말했습니다.

"조왕께서는 닷새 동안 목욕재계하시고 천하의 보물 구슬을 보내셨습니다. 진왕께서도 닷새간 목욕재계하시고 심신(心身)을 깨끗이 한 후에 받으시길 바랍니다. 그리하시면 돌려 드리겠습니다."

왕이 승낙하자 인상여는 숙소로 돌아와 수행원을 시켜 구슬을 조나라에 몰래 가져가도록 했습니다. 속은 것을 안 소양왕은 몹시 분개하였으나 인상여의 지혜와 용기에 감탄하여 정중히 대접하고 조나라로 무사히 돌려보냈습니다. 그리하여 천하의 보물인 화씨벽을 온전하게 보존할 수 있었습니다(完璧).

그 후 천하를 통일한 진시황(秦始皇)은 화씨벽(和氏璧)을 손에 넣어 옥새(玉璽)를 만들어 사용했습니다. 그 뒤 시황제의 손자인 자영이 유방에게 항복하면서 옥새를 바친 후 대대로 전해졌습니다. 후한 말에 이르자 손견과 원술을 거쳐 조조의 손에 들어갔습니다. 그러나 후당(後唐)의 마지막 황제인 이종가(李從珂)가 옥새를 끌어안고 분신자살한 이후 사라진 것으로 전해지고 있습니다.

이와 같이 '완벽(完璧)'이란 인상여가 화씨벽을 하나도 손상시키지 않고 원래 그대로 조나라에 가져왔다고 하여 이 성어(成語)가 유래되었습니다.

삶의 지혜(智慧)

영국의 식물학자인 알프레드 러셀 월리스(Alfred Russel Wallace)가 연구실에서 고치에서 빠져나오려는 나방의 모습을 관찰하고 있었습니다. 나방은 조그마한 구멍 하나를 뚫고는 그 틈새로 빠져 나오기 위해 온갖 애를 쓰고 있었습니다.

한나절 후, 그렇게 힘든 시간을 보낸 나방은 영롱한 날개 빛을 자랑하며 공중으로 훨훨 날아갔습니다.

그런데 나방 한 마리가 빠져 나오지 못하고 있자 월리스는 안타까운 생각이 들어 고치의 옆 부분을 살짝 칼로 그어 주었습니다. 그러자 나방은 쉽게 고치에서 빠져 나올 수 있었습니다. 하지만 스스로 고치를 뚫고 나온 나방과 달리 무늬의 빛깔이 곱지 않고 날갯짓에 힘이 없었습니다. 나비는 하늘로 날기 위해 몇 번 날갯짓을 했지만 결국 땅에 떨어져 죽고 말았습니다.

어려움 없이 구멍을 뚫고 나온 나방은 진정한 나비가 될 수 없습니다. 사람도 마찬가지입니다. 시련을 겪지 않은 사람은 구멍으로 쉽게 빠져나온 나방처럼 나약할 수밖에 없습니다. "인내는 쓰고 열매는 달다."는 말이 있습니다. 조금 힘들다고 포기하면 아무것도 이룰 수 없지만, 힘든 것을 참고 견디면 반드시 보람이 찾아옵니다.

고난(苦難)은 고통이 아니라 인생 경험의 소중한 자산입니다.

제2장

학문과
인재와 신의

19　개권유익(開卷有益)

字解　열 개 開 · 책 권 卷 · 있을 유 有 · 더할 익 益

語義　책은 펼치기만 해도 유익하다.

解義　책을 읽으면 유익함이 있다.

송(宋)나라 태종(太宗)은 책 읽기를 무척 좋아하여 이방(李昉) 등 14명의 학자들에게 사서(辭書)를 편찬하게 하였습니다. 학자들은 7년여 동안 노력한 끝에 1천여 권의 책을 발간했는데, 그 연호를 따서『태평총류(太平總類)』라고 이름을 지었습니다.

책이 완성되자 태종은 무엇보다 기뻤습니다. 정무(政務)가 끝나면 책을 읽고 어떤 때는 새벽까지 날이 새는 줄 모르고 글을 읽었습니다. 신하들이 황제의 건강이 염려되어 말했습니다.

"폐하, 책을 읽는 것은 유익한 일이나 건강을 해치지 않을까 걱정이 됩니다. 아무리 책이 좋다고 하더라도 잠은 충분히 주무시면서 읽으셔야 합니다."

신하들의 걱정이 빗발치자 태종이 웃음을 지으며 말했습니다.

"책은 펼치기만 하여도 유익한 것이오(開卷有益). 짐은 피로한 일이라고 생각하지 않는다오. 경들이 나에 대한 마음이 그러하니 앞으로는 하루에 세 권씩만 읽을 것이요."

그 뒤부터 태종은 스스로 규칙을 정하여 책을 읽었으며, 정사가 바빠서 계획대로 읽지 못했을 때는 틈틈이 이를 보충하여 읽었습니다.

이렇게 하여 태종은 『태평총류(太平總類)』를 1년 만에 모두 읽었습니다. 훗날 사람들은 황제가 읽었다고 해서 『태평어람(太平御覽)』이라고 불렀습니다.

위와 같이 '개권유익(開卷有益)'은 태종이 신하들에게 '책은 펼치기만 해도 유익하다.'는 말에서 유래되었습니다. '개권유득(開卷有得)'이라고도 하며 독서는 즐거움과 더불어 인생에 도움이 된다고 하여 독서를 권장할 때 쓰이는 말입니다.

조선시대 22대 왕인 정조(正祖)는 '독서의 대왕'이라 불릴 정도로 어린 시절부터 손에서 책을 놓지 않았습니다. 그는 책을 너무 좋아하여 어좌(御座) 뒤에 왕권을 상징하는 〈일월오봉도(日月五峰圖)〉 대신 〈책가도(册架圖)〉를 배치할 정도로 책사랑에 대한 정신은 대단했습니다.

정조는 신하들에게 지금 무슨 책을 읽고 있는지 질문을 하곤 했습니다. 신하들이 정사가 바빠 책을 읽을 시간이 없다고 하자 다음과 같이 말했습니다.

"책을 읽지 않는 것이지, 읽지 못하는 것이 아니다. 정사(政事)로 인하여 여가가 부족하겠지만 하루에 한 편의 글이라도 규칙적으로 읽게 되면 삼경(三經)과 사서(四書)인 칠서(七書)도 두루 읽을 수 있다."

이렇게 말하면서 시간을 내어 독서를 할 것을 권유했습니다. 정조는 독서에 대한 마음을 『일성록(日省錄)』에서 이렇게 표현했습니다.

"선유가 말하기를 '책을 읽을 수 없더라도 서재에 들어가 책상을 어루만지기만 해도 충분하다.'고 하였다. 나는 평소 책 읽는 것을 좋아하지만 바쁜 일로 인하여 책을 읽을 시간이 없을 때는 〈책가도(冊架圖)〉 그림을 보며 스스로 즐거움을 찾는다."

조선 역대 임금 가운데 가장 많은 문집을 남긴 그는 학문을 장려하고 직접 책을 펴냈으며 많은 서적을 출판하여 조선 후기 문예부흥(文藝復興)을 이끌었습니다. 창덕궁 후원에 규장각(奎章閣)을 설립하여 학술 및 정책을 연구하였으며, 정약용, 박제가, 유득공, 이덕무 등 신진 학자들을 등용하여 개혁정치(改革政治)를 추진하도록 했습니다.

20 위편삼절(韋編三絶)

字解 가죽 위 韋 · 엮을 편 編 · 석 삼 三 · 끊어질 절 絶
語義 가죽으로 맨 책 끈이 세 번이나 끊어지다.
解義 독서에 힘쓴다.

후한(後漢)시대 채륜(蔡倫)이 종이를 발명하기 전에는 대나무를 세로로 쪼개어 직사각형으로 만든 후 글씨를 써서 사용했습니다. 이것을 죽간(竹簡)이라고 하며, 죽간이 많아지면 가죽 끈으로 묶었는데 이를 위편(韋編)이라고 했습니다.

죽간은 대나무 한 조각에 20여 자의 글자를 적을 수 있었으며, 죽간을 엮을 때 사용한 끈에 따라서 달리 불렀습니다. 비단 실을 사용하면 사편(絲編)이라 불렀고, 마(麻)를 사용하면 승편(繩編), 가죽을 사용하면 위편(韋編)이라 불렀습니다.

공자(孔子)는 말년에『주역(周易)』을 접하고 크게 기뻐하며 말했습니다.

"내가 학문에 열중하다 보니 끼니를 잊고, 즐거움으로 근심마저 잊었으며 세월이 흘러 늙어 가는 것조차 몰랐다. 하늘이 나를 몇 년 더 살게 해 준다면『주역』을 공부할 것이다."

공자는 가죽 끈이 여러 번 끊어질 정도로 정성을 다해『주역』을 읽었습니다. 그리고 이미 배운 것과 앞으로 더 배워 글을 읽힌다면 서로 어울려 『역경(易經)』을 더욱 이해할 수 있게 될 것이라고 하며 자신의 마지막 공부를 아쉬워했습니다.

이와 같이 위편삼절(韋編三絶)은 공자가 책을 좋아하여 『주역(周易)』을 읽는 중에 가죽 끈이 여러 번 끊어졌다는 이야기에서 유래되었습니다. 공자와 같은 성인(聖人)도 학문 연구를 위해 끊임없이 노력을 했다는 말로 학문에 대해 정진하라고 권장할 때 쓰이는 말입니다.

삶의 지혜를 배우는 고사성어

삶의 지혜(智慧)

프랑스의 나폴레옹은 때와 장소를 가리지 않고 책을 읽었습니다. 전쟁 중에도 마차에 책을 싣고 다니면서 틈만 나면 책을 읽고, 심지어는 말을 타고 이동하면서도 책을 읽었습니다.

그는 한 권의 책을 끝까지 읽는 것을 원칙으로 삼으면서 독서 후에는 반드시 메모를 남기면서 지식을 정리하여 자기의 것으로 만드는 습관이 있었습니다. 어려운 여건 속에서도 정치, 경제, 천문, 지질, 기상, 동서양의 역사와 지리는 물론 외국의 문화와 풍습까지도 연구했습니다.

나폴레옹은 소설과 36권에 달하는 비망록과 산문을 남겼으며, 세계 3대 법전의 하나인『나폴레옹 법전』이라고 불리는『민법전』을 주도하여 완성했습니다.

이러한 독서 습관으로 그는 훌륭한 위인들의 결단력과 대군(大軍)을 통솔하는 지략과 자신의 한계를 극복하는 방법을 배웠습니다. 그리고 수많은 전투에서 승리했으며, 6만 대군을 이끌고 험준한 알프스 산을 넘으면서 "나의 사전에 불가능은 없다."고 하며 강대국들이 몰려 있던 유럽을 정복하고 프랑스 제국을 수립했습니다.

또한 영국의 수상 처칠은 역사에 관한 책을 평생 즐겨 읽었습니다. 그는 책을 읽을 때마다 좋은 글귀가 나오면 메모하고 외웠습니다. 이러한 독서 습관으로 유명한 연설을 할 수 있었으며 뛰어난 문장가가 될 수 있었습니다.

그는 2차 세계대전 중에 독일이 연일 영국에 폭격을 가하자 다음과 같은 대국민 연설을 하여 국민들의 마음을 하나로 결집시켰습니다.

"우리는 유럽의 광대한 지역과 유서 깊은 나라들이 나치와 게슈타포의 손아귀에 이미 떨어졌거나 풍전등화(風前燈火)의 위기에 몰렸더라도 약해지거나 실패하지 않을 것입니다. 우리는 바다에서, 하늘에서, 해변에서, 상륙 지점에서, 들판과 거리에서, 언덕에서 싸울 것입니다. 우리는 결코 항복하지 않을 것이며, 어떤 대가를 치르더라도 승리할 것이고, 어떤 공포에서도 승리할 것이며, 그 길이 아무리 멀고 험해도 승리할 것입니다. 승리 없이는 생존이 없기 때문입니다."

그리고 2차 세계 대전을 승리로 이끈 뒤, 1953년 『제2차 세계대전 회고록』을 써서 노벨 문학상을 받았습니다.

책은 우리에게 많은 지식과 정보를 제공하여 줄 뿐만 아니라 즐거움을 주고 마음에 풍요로움을 줍니다. 생각의 폭을 넓게 해주고, 세상을 균형 있게 바라볼 수 있는 판단력을 생기게 하며, 인간관계나 사회 문제에 대해서도 많은 것을 배울 수 있습니다.

독서는 우리가 살아가는 데 필요한 삶의 지혜를 알려 주는 소중한 자산입니다.

21 계찰괘검(季札掛劍)

字解 끝 계 季 · 패 찰 札 · 걸 괘 掛 · 칼 검 劍

語義 계찰이 검을 걸어 놓다.

解義 신의(信義)를 중요하게 여긴다.

춘추시대 오(吳)나라 왕 수몽(壽夢)은 네 명의 아들이 있었습니다. 계찰(季札)은 막내로 형제들 가운데 가장 현명했습니다. 수몽은 계찰의 형들인 제번(諸樊), 여제(余祭), 이매(夷昧) 세 아들이 있었지만 계찰에게 왕위를 물려주려고 했습니다. 그러나 계찰은 왕위는 맏아들이 물려받아야 한다며 산촌에 내려가 살면서 뜻이 없음을 분명히 했습니다. 수몽은 어쩔 수 없어 형제들이 차례로 왕위를 이어 가라는 유언을 남기고 죽었습니다.

그래서 제번(諸樊)이 왕위에 올랐으나 얼마 되지 않아 죽고, 여제와 이매마저 죽어 계찰의 차례가 되었습니다. 그러나 이번에도 계찰이 왕위에 오르기를 거절하자 이매의 아들 요(僚)가 왕이 되었습니다. 그러자 제번의 큰아들 공자(公子) 광(光)은 장손인 자신이 왕이 되어야 함이 마땅하다며 요를 살해하고 왕위에 올랐습니다. 이 공자가 오왕 합려(闔閭)입니다.

오왕 4년, 계찰은 왕의 명령으로 사신(使臣)이 되어 북쪽의 여러 나라들을 방문했습니다. 그때 계찰은 진(晉)나라를 방문하는 길에 서(徐)나라에 들러 왕을 만났습니다.

서나라 왕은 계찰이 차고 있는 보검을 갖고 싶었으나 차마 말을 하지 못했습니다. 계찰은 왕의 마음을 알고 있었으나 여러 나라를 돌아다녀야 하기 때문에 검을 줄 수가 없었습니다. 하지만 마음속으로 임무를 마친 후 검을 주기로 약속했습니다.

계찰은 북쪽 여러 나라를 순방한 후 돌아오는 길에 다시 서 나라를 들렀습니다. 그러나 그 사이에 서왕은 이미 죽고 없었습니다. 계찰은 서왕(徐王)의 무덤을 찾아가 세 번 절한 뒤에 차고 있던 보검을 풀었습니다. 그리고 무덤 옆에 있는 나무에 검을 걸어 놓았습니다. 곁에 있던 수행원들이 이상하게 여겨 물었습니다.

"서왕은 세상을 떠났습니다. 무슨 연유로 보검을 걸어 두고 가시는 것입니까?"

계찰이 말했습니다.

"그런 것이 아니다. 지난날 나는 서왕을 만났을 때 마음속으로 이미 보검을 주기로 약속하였다. 지금 드리지 않으면 내 마음을 속이는 것이다. 이제 서왕이 죽었다 하여 어찌 내 마음을 바꿀 수 있겠느냐(季札掛劍)."

사마천(司馬遷)은 그의 인물됨을 다음과 같이 평가했습니다.

"계찰의 어질고 덕성스런 마음과 도의의 끝없는 경지를 사모한다. 조그마한 흔적만 보더라도 곧 사물의 깨끗함과 혼탁함을 알 수 있는 것이다. 어찌 그를 견문이 넓고 학식이 풍부한 군자가 아니라고 하겠는가!"

계찰괘검(季札掛劍)은 '말로 약속을 하지는 않았지만 마음속으로 한 약속이라도 반드시 지킨다.'는 말입니다. 신의(信義)를 중요하게 여긴 다는 뜻으로 사용되고 있습니다.

22 미생지신(尾生之信)

字解 꼬리 미 尾 · 날 생 · 生 · 갈 지 · 之 · 믿을 신 信
語義 미생의 믿음.
解義 너무 고지식하여 융통이 전혀 없다.

　노(魯)나라에 미생(尾生)이라는 정직한 선비가 있었습니다. 그는 글만 읽어 세상일은 잘 알지 못했으나 약속을 하면 무슨 일이든 꼭 지키는 인물이었습니다.

　그러던 어느 날 미생은 다리 밑에서 연인(戀人)을 만나기로 약속했습니다. 그는 미리 약속 장소에 나가 여자를 기다렸지만 여자는 나타나지 않았습니다. 미생은 약속 시간이 지났는데도 여자가 나타나지 않자 조금만 더 기다리면 올 것으로 생각하고 계속 기다리고 있었습니다.

　그때 별안간 비가 억수같이 쏟아져서 개울물이 불어나기 시작했습니다. 미생은 약속을 지키기 위해 그 자리를 떠나지 않았습니다. 그러나 비는 멈추기는커녕 더욱 세차게 내렸습니다. 다리 밑에 있던 미생의 주변에까지 물이 차오르기 시작했습니다.

　'이 정도의 일로 약속을 어길 수는 없다.'

　미생은 그녀와의 약속을 굳게 믿으며 하염없이 기다렸습니다. 그런 사이에 물은 점점 불어나 미생의 다리를 적시더니 허리, 가슴, 목까지 차올랐습니다. 숨을 쉴 수도 없을 지경에 이르자 미생은 다리 교각의 맨 끝을 붙잡고 끝까지 버텼으나 여자는 나타나지 않았습니다. 결국 그는 세찬 물에 휩쓸려서 목숨을 잃고 말았습니다.

이 이야기는 소진(蘇秦)이 연(燕)나라 소왕(昭王)을 설득하는 과정에서 나오는 말로 미생을 신의(信義) 있는 사람의 본보기로 들고 있습니다. 그러나 철학자인 장자는 '쓸데없는 명분에 빠져 소중한 목숨을 가벼이 여긴 아둔한 짓'이라고 했습니다.

이와 같이 미생의 어리석은 행동을 비판한 것은 공자(孔子)를 중심으로 하는 유교적 명분만 중시하는 모습을 우회적으로 비판한 말입니다.

후대 사람들은 미생에 대해 '신의가 두텁다.'는 뜻과 '고지식한 행위'라는 두 가지 의미로 사용하였지만 오늘날에는 후자의 뜻으로 많이 사용하고 있습니다.

삶의 지혜(智慧)

　〈포레스트 검프〉는 1994년에 개봉되어 전 세계인의 사랑을 받은 영화입니다. 모든 장애물을 뛰어넘은 한 인간의 일생을 그린 영화로 아카데미상 최우수 작품상을 포함해서 6개 부문에 수상했습니다.

　주인공 포레스트는 다리가 불편하고 지능이 부족했지만 약속을 하면 반드시 지키는 사람이었습니다. 그는 군에 입대하여 버바라는 친구를 사귀게 되고 베트남전에 참여하여 댄 테일러 중위를 만나게 됩니다. 버바는 새우 잡는 것을 좋아해서 군 복무를 마치면 고향에 돌아가 새우잡이 배를 사서 함께 사업을 하자고 이야기합니다. 그때 적군의 폭격이 시작되면서 포레스트는 전우를 구하던 중 버바는 죽게 되고 댄 중위는 두 다리를 모두 잃게 됩니다.

　이후 고향에 돌아온 포레스트는 탁구채 모델로 벌어들인 수익금으로 배 한 척을 사들여 새우잡이를 시작합니다. 댄 중위도 예전의 약속을 지키기 위해서 항해사의 일을 하게 됩니다. 배의 이름을 그가 사랑하는 여자 '제니'로 짓고 항해에 나섰지만 새우는 잡히지 않았습니다.

　그러던 어느 날 최악의 허리케인이 몰아치자 모든 새우잡이 배들이 부서지고 간신히 '제니호'만 살아남게 됩니다. 경쟁자가 없어진 바다에서 포레스트는 엄청난 양의 새우를 잡아들여 백만장자가 되었습니다. 그리고 '버바 검프 새우'란 회사를 세웁니다.

　포레스트는 벌어들인 돈의 수익금을 마을 발전을 위해 기부하고 버바의 가족들에게 나누어 주며 가난한 생활에서 벗어나게 합니다.

어느 날 그를 찾아온 제니와 행복한 시간을 보내며 청혼을 하지만 그녀는 포레스트와 함께 밤을 보낸 다음 날 홀연히 집을 떠납니다. 그녀가 떠나자 그는 허전한 마음을 달래지 못해 무작정 달리기 시작합니다. 장장 2년 동안 대륙을 횡단하며 묵묵히 달렸습니다. 어느새 그는 세간(世間)과 언론의 관심이 집중되며 유명 인사가 되었습니다. "Run! Forrest, Run!" 많은 사람들은 그의 뒤를 따르며 달립니다. 이들은 인생에 있어서 진정한 삶의 가치를 발견할 수 있을까요?

이 영화가 우리에게 던져 주는 삶의 메시지(message)입니다.

약속은 누구나 지켜야 할 생활 규범입니다. 친구와 약속을 어기면 우정에 금이 가고, 자식과 약속을 어기면 존경이 사라지며, 상인이 약속을 어기면 거래가 끊어진다는 말이 있습니다. 약속을 지키지 않으면 상대에게 믿음을 잃게 되고 상대의 마음을 다시 얻기란 쉽지 않은 일입니다. 아무리 작은 약속이나 마음속으로 한 약속이라도 반드시 지켜져야 합니다. 하찮은 약속이라고 지키지 않으면 습관이 되어서 큰 약속도 지키지 않게 됩니다.

약속을 지키기 위한 마음가짐에 따라서 자신의 인생이 달라질 수 있습니다.

23 군계일학(群鷄一鶴)

字解 무리 군 群 · 닭 계 鷄 · 한 일 一 · 학 학 鶴

語義 닭의 무리 가운데 한 마리의 학.

解義 수많은 사람들 가운데 가장 뛰어난 한 사람.

삼국시대 위(魏)나라에 죽림칠현(竹林七賢)으로 불리는 일곱 명의 선비가 있었습니다. 이들은 어지러운 세상을 떠나 대나무 숲에 모여 거문고를 타고 시를 읊으면서 서로의 생각을 나누었습니다. 이들 가운데 중산대부(中散大夫)로 있었던 혜강(嵇康)이 억울한 죄를 뒤집어쓰고 처형을 당했습니다.

혜강이 죽임을 당하자 아들 혜소(嵇紹)는 열 살밖에 안 된 어린 나이에 홀로 어머니와 함께 살게 되었습니다. 혜소는 어려운 환경 속에서도 열심히 학문을 익히면서 누구보다도 지혜롭고 의젓한 청년으로 성장했습니다. 하지만 아버지에게 씌워진 누명으로 벼슬길에 오를 수가 없었습니다. 그러자 죽림칠현의 한 사람이며 혜강의 친구였던 중신(重臣) 산도(山濤)가 이를 안타깝게 여겨 무제(武帝)에게 그를 추천했습니다.

"폐하! 혜소는 남달리 재주가 뛰어나며 총명하고 지혜로운 인재이옵니다. 비록 그가 혜강의 아들이나 아비 죄는 아들에게 미치지 않고, 아들 죄는 아비에게 미치지 않는다고 하였습니다. 혜소는 지혜가 매우 뛰어난 인재이오니 그에게 벼슬을 내려 귀히 쓰십시오. 분명히 폐하께 큰 도움이 될 것입니다."

"죽림칠현의 한 사람인 혜강의 아들이라면 믿을 만하오. 그대가 천거하는 인물이니 정승(政丞) 벼슬도 감당할 것이오."

이리하여 혜소는 비서승(秘書丞)으로 임명되었습니다.

황제의 명을 받은 혜소는 낙양으로 가서 벼슬자리에 오르기 위해 여러 사람들과 어울려 궁궐에 들어갔습니다. 혜소가 입궐한 다음 날, 어떤 사람이 자못 감격하여 죽림칠현의 한 사람인 왕융(王戎)에게 말했습니다.

"어제 수많은 사람들과 함께 궁궐에 입궐하는 혜소를 보았습니다. 너무 의젓하고 잘생겨서 마치 닭의 무리 가운데 우뚝 선 한 마리 학의 모습과 같았습니다(群鷄一鶴)."

벼슬에 오른 혜소는 옳고 그름을 분명히 하며 황제의 곁에서 정사를 도왔습니다. 그 후 나라에 반란이 일어나자 황제는 난을 평정하기 위해 군대를 일으켜 전쟁터로 나갔습니다. 전세가 불리하자 곁에 있던 신하들이 모두 도망치고 혜소만이 마차 앞에서 황제의 몸을 감싸며 지켰습니다. 그때 반란군이 쏜 화살이 날아오자 혜소는 자신의 몸으로 막으며 황제를 구했습니다. 혜소는 적의 화살에 맞아 크게 부상을 입고 숨을 거두었습니다. 혜소의 피가 황제의 옷에 붉게 물들였습니다. 반란이 끝나고 옷을 빨려고 하자 황제가 말했습니다.

"이 옷은 혜소가 흘린 충의(忠義)의 피다. 씻어 없애지 마라."

이후에 혜소는 충신의 대명사가 되었고 '수많은 사람들 중에 가장 뛰어난 사람'을 가리켜 '군계일학(群鷄一鶴)'이라는 말을 사용하게 되었습니다.

군계일학(群鷄一鶴)의 유래에 대해서는 여러 가지 학설이 있습니다. 그중에서 춘추전국시대(春秋戰國時代) 유명한 재상인 한비자(韓非子)가 자신의 책 『한비자』에서 이 표현을 사용하여 유래되었다는 이야기가 있습니다. 어느 날 한비자가 여러 신하들과 함께 걷고 있었는데, 많은 닭들 사이에 우아하게 서 있는 한 마리의 학을 보게 되었습니다. 한비자는 이 학을 보면서, 평범한 것들 사이에서 특별히 뛰어난 것이 얼마나 눈에 띄는지를 설명하기 위해 '군계일학'이라는 말을 사용했습니다.

삶의 지혜를 배우는 고사성어

24 국사무쌍(國士無雙)

字解 나라 국 國 · 선비 사 士 · 없을 무 無 · 쌍 쌍 雙

語義 나라에 둘도 없는 선비.

解義 나라에서 견줄 만한 사람이 없는 아주 뛰어난 인물.

초나라 항우(項羽)와 한나라 유방(劉邦)이 천하를 놓고 다투고 있을 때 일입니다. 한신(韓信)은 항우(項羽)의 부하로 있으면서 여러 차례 전략을 제시했지만 한신의 의견을 무시했습니다. 한신이 자신의 능력을 알아주지 않자 크게 실망하고 있을 때, 유방이 한중왕이 되어 촉으로 쫓겨 가는 것을 알고 유방의 진영에 투항했습니다. 하지만 이곳에서도 인정받지 못하고 오히려 법을 어겨 참수당할 위기에 처했습니다. 한신이 하늘을 우러러보며 자신의 운명을 한탄하고 있을 때, 앞을 보니 유방의 측근인 한나라 장군 하후영(夏候嬰)이 있었습니다. 한신은 큰 소리로 외쳤습니다.

"왕께서는 천하를 얻으려고 하면서 어찌하여 나 같은 장사(壯士)를 죽이려고 하는 것이오?"

하후영은 한신이 보통 인물이 아님을 알아보고 그를 풀어 준 뒤 유방에게 사실을 알렸습니다. 그러나 유방은 한신을 대수롭지 않은 인물로 생각하고 군대의 보급을 총괄하는 치속도위(治粟都尉)에 임명했습니다.

이때 유방의 핵심 참모인 승상 소하(蕭何)는 한신과 여러 차례 이야기를 나누어 보고 그가 큰 인재(人才)임을 알았습니다. 소하는 유방에게 한신을 천거했지만 유방은 그를 중용(重用)하지 않았습니다. 이에 실망한 한신은 기회를 틈타 유방의 진영을 탈출했습니다. 한신의 도망 소식을 들은 소하는 그를 뒤쫓아 가서 며칠 후에 다시 데리고 왔습니다. 유방이 이름도 알려지지 않은 사람을 굳이 그렇게 힘들게 데려와야 할 이유가 무엇이냐고 묻자 소하가 대답했습니다.

　"장수는 얻기 쉽지만 한신과 같은 사람은 가히 '국사무쌍(國士無雙)' 한 인물이라고 할 수 있습니다. 언제나 이 좁은 한중 땅의 왕으로서 만족하고 계신다면 그를 중용(重用)할 필요가 없습니다. 그러나 천하를 제패하여 통일하고자 하신다면 그 사람이 필요한지 깊이 생각해 보셔야 합니다."

　소하의 청에 유방은 한신을 장군으로 임명하려고 했으나 그의 거듭된 청에 대장군(大將軍)으로 임명했습니다. 이후 한신은 탁월한 전략으로 장한을 공격하여 관중 지역을 평정했으며, 초나라의 도읍 팽성(彭城)을 함락시켰습니다. 그리고 위(魏)나라와 조(趙)나라를 함락시킨 후 제(齊)나라까지 멸망시켰습니다. 이로써 유방은 천하의 주인공이 되었습니다.

삶의 지혜(智慧)

투자의 귀재로 알려진 워렌 버핏은 미국 메브레스카주 오마하에서 태어났습니다. 그는 컬럼비아대학 경영대학원을 졸업한 뒤 뉴욕의 투자 회사에서 근무한 후 '버핏 파트너십'이라는 조합을 설립해 본격적인 투자 인생을 시작했습니다. 주식시장(株式市場)의 흐름을 정확히 꿰뚫는 눈을 가졌다 하여 '오마하의 현인(賢人)'이라고 불리었습니다.

그의 투자 전략은 기업의 실제 가치를 중요시하고, 장기적인 관점에서 성장이 예상되는 양질의 기업에 투자했습니다. 자신이 이해하고 분석할 수 있는 기업을 중시했으며, 욕심 있는 사람들이 두려워할 때 욕심을 내고 그들이 욕심을 낼 때 두려워했습니다. 그는 이와 같은 투자 철학으로 수십 년 동안 일관성 있게 투자하여 성공을 거두었고, 세계 최고의 투자자로 알려지게 되었습니다.

그러나 그는 좋은 인생은 돈으로만 살 수 없다며 자신이 보유하고 있는 전 재산 대부분을 자선 단체에 기부하기로 약속했습니다.

워렌 버핏은 이런 인생 명언을 남겼습니다.

"오늘 내가 그늘에 앉아 쉴 수 있는 것은 오래전에 누군가 나무를 심었기 때문이다."

우리가 편안함과 이익을 누리는 것은 누군가 과거에 행동을 취했기 때문이라고 하며, 우리는 미래를 위해 계획하고 노력해야 한다고 강조했습니다.

워렌 버핏은 투자에 대한 군계일학(群鷄一鶴)이라고 할 수 있습니다. 하지만 군계일학은 저절로 되는 것이 아닙니다. 변화하는 시대의 흐름을 알아야하고, 미래에 대한 예측을 할 수 있으며 새로운 발상(發想)도 해야 합니다.

워렌 버핏의 역발상(逆發想)의 투자! 거꾸로 생각하는 것이 옳은 길일 수도 있습니다.

삶의 지혜를 배우는 고사성어

25 　낭중지추(囊中之錐)

字解　주머니 낭 囊 · 가운데 중 中 · 어조사 지 之 · 송곳 추 錐
語義　주머니 속의 송곳.
解義　재능이 뛰어난 사람은 숨어 있어도 저절로 알려진다.

　전국시대 진(秦)나라가 조(趙)나라의 수도 한단(邯鄲)을 공격하자 조나라는 평원군(平原君)을 초(楚)나라에 보내어 구원병을 요청하기로 했습니다. 평원군은 초나라로 떠나기에 앞서 식객 중에서 문무(文武)가 출중한 인사 스무 명을 뽑아 함께 가고자 했습니다. 열아홉 명은 뽑았으나 더 이상 마땅한 사람이 없었습니다. 그때 모수(毛遂)라는 사람이 나서서 자신을 뽑아 달라고 간청했습니다. 평원군은 그의 얼굴을 처음 보는 듯하여 물었습니다.

　"선생께서는 우리 집에 오신 지 얼마나 되었소?"

　"예, 삼 년이 조금 넘었습니다."

　평원군은 모수의 모습을 한참 동안 쳐다보더니 젊잖게 타일렀습니다.

　"무릇 세상에 현명한 선비는 주머니 속의 송곳 같다고 하였소. 아무리 숨어 있어도 유능한 사람은 반드시 주머니를 뚫고 밖으로 나오기 마련이오(囊中之錐). 그런데 3년 동안 내 집에 있으면서 당신에 대해서 이렇다 할 이야기를 들어본 적이 없소. 당신이 아무런 재능이 없다는 이야기가 아니겠소. 그대는 좀 어려울 것 같소."

그러자 모수가 당당하게 말했습니다.

"그 말씀이 옳습니다. 그러나 저는 지금껏 단 한 번도 나리의 주머니 속에 들어가 본 적이 없습니다. 저를 진즉 주머니 속에 넣어 주셨다면 송곳이 주머니 끝은 물론이요 자루까지 밖으로 나왔을 것입니다."

평원군은 모수의 재치 있는 대답과 당당함에 마음이 들어 함께 가기로 결정했습니다.

초나라에 도착한 평원군은 아침 일찍부터 회담을 시작하여 동맹의 필요성에 대해 초왕을 끈덕지게 설득했지만 정오가 되도록 아무런 진전이 없었습니다. 이때 회담장 아래에서 묵묵히 이야기를 듣고 있던 모수가 위로 올라왔습니다. 초왕이 그의 무례함을 꾸짖자 모수는 칼자루에 손을 얹은 채 앞으로 나아가 말했습니다.

"지금 초나라의 군사들은 멀리 있고 왕과 저는 가까운 거리에 있으니 왕의 목숨은 제 손에 달려 있습니다. 생각해 보십시오. 지난날 진(秦)나라 어린 백기는 군사들을 이끌고 초나라의 언정(鄢郢)을 함락시키고, 이릉(夷陵)을 불태웠으며 왕의 조상을 욕되게 하였습니다. 왕께서는 어찌하여 이를 부끄럽게 여기시지 않습니까. 지금 초나라는 땅이 오천 리에 군사는 백만으로 우리와 힘을 합하면 얼마든지 진나라에 복수할 수 있습니다. 두 나라가 동맹을 맺는 것은 조나라를 위한 것이 아니라 오히려 초나라를 위한 일인데 어찌하여 그렇게 망설이고 계십니까?"

모수가 위엄 있고 당당하게 동맹의 필요성을 설명하자 초 왕은 조나라에 구원병을 보내겠다고 약속했습니다. 평원군이 조나라에 돌아와서 말했습니다.

"나는 지금까지 천하의 선비를 놓치지 않는다고 자부하며 살아왔는데 모 선생을 보지 못했구나. 모 선생의 말 한마디는 백만 군사보다 강했다. 이제 감히 선비의 사람됨을 말하지 않겠다."

그리고 누구보다도 큰 능력을 보인 모수를 상객(上客)으로 대우했습니다.

이 성어(成語)는 '재능이 뛰어난 사람은 숨기려 해도 저절로 알려진다.', '능력이 있는 사람은 주머니 속의 송곳과 같이 자연히 존재가 드러난다.'는 뜻으로 쓰입니다. 모수가 스스로 추천하였다고 하여 모수자천(毛遂自薦)이라고도 합니다.

26 일자천금(一字千金)

字解 한 일 一 · 글자 자 字 · 일천 천 千 · 쇠 금 金

語義 글자 한 자에 천금.

解義 아주 훌륭한 글자나 문장.

전국시대(戰國時代) 여불위(呂不韋)는 한(韓)나라 거상(巨商)으로 여러 나라를 왕래하며 시대를 대표할 만큼 큰 재산을 모았습니다. 그의 식견(識見)은 남다른 데가 있었고 사물의 가치나 진위를 판정하는 안목(眼目)이 깊었습니다.

어느 날 여불위는 조(趙)나라 수도 한단(邯鄲)에 왔다가 우연히 진(秦)나라에서 인질로 와 있는 진왕의 손자 자초(子楚)를 만나게 되었습니다. 여불위는 자신의 목적을 이룰 수 있는 좋은 기회로 보고 자초에게 접근하여 후원자가 되었습니다. 자초는 여불위의 계략에 힘입어 진나라 왕위에 오르게 되었습니다. 자초는 즉위하자(莊襄王) 여불위를 승상으로 삼고 문신후(文信侯)로 봉했으며 하남과 낙양의 10만 호를 식읍(食邑)으로 하사했습니다.

자초가 즉위한 지 3년 만에 죽자 13세의 어린 태자 정(政: 秦始皇)이 임금이 되었습니다. 정은 여불위를 높여서 상국(相國)으로 삼고 중부(仲父)라고 불렀습니다. 이로 인하여 진나라는 여불위의 수중에 놓인 것과 다름이 없었습니다.

이때 제후국의 여러 나라에서는 현자(賢者)들을 내세워 수많은 책을 발간하여 천하에 널리 알렸습니다. 이 소식을 들은 여불위는 강한 진나라가 그들에게 미치지 못하는 것을 부끄럽게 여겨 더 좋은 책을 만들고 싶었습니다. 그래서 자기 집에 식객(食客)으로 있는 3,000여 명의 선비들 중에 재주가 뛰어난 사람들을 모아 견문(見聞)한 바를 저술토록 했습니다. 그리고 이를 집대성하여 『팔람(八覽)』, 『육론(六論)』, 『십이기(十二紀)』 등 모두 26권에 20만 자가 넘는 책을 완성했습니다. 그는 천지만물(天地萬物)과 고금(古今) 등 모든 것이 이 책 속에 망라되었다고 자칭하며 책 이름을 『여씨춘추(呂氏春秋)』라고 지었습니다. 그는 이 책에 대한 자부심이 얼마나 대단했던지 진나라 수도 함양성(咸陽城) 성문에 걸어 놓고 이렇게 공포했습니다.

"이 책에 적힌 글 가운데에 한 글자라도 덧붙이거나 뺄 수 있는 자가 있다면 천금을 주겠다(一字千金)."

이 일화에서 일자천금(一字千金)이 유래되었으며, 아주 훌륭한 글씨나 문장, 저술을 비유적으로 가리킬 때 쓰이는 말이 되었습니다.

삶의 지혜(智慧)

조선시대 반석평(潘碩枰)은 양반 가문의 서자(庶子)로 태어나 참판 댁의 노비로 살았습니다. 그는 노비 신분이어서 글을 배울 수 없게 되자 주인집 아들이 공부하면 밖에서 몰래 글을 읽히곤 했습니다. 참판은 반석평의 학문이 예사롭지 않음을 알고 노비 문서를 불태워 면천(免賤)시키고 후손이 없는 친척집 양자(養子)로 들어가도록 주선하여 주었습니다. 그래서 반석평은 양반 신분을 얻게 되어 1507년 중종(中宗) 2년에 과거에 급제했습니다. 그 후 반석평은 젊은 시절 자신을 보살펴 준 참판 댁이 생각나서 찾아갔지만 연산군의 폭정으로 몰락하여 아무도 없었습니다.

그는 어느 날 길거리에서 우연히 참판 댁 아들 이오성을 만났습니다. 반석평은 즉시 말에서 내려 정중히 인사한 후 집에 데려와 후히 대접하며 밤새 이야기를 나누었습니다. 그 후 반석평은 중종에게 자신의 모든 사정을 솔직하게 밝혔습니다. 그리고 노비를 양반으로 만들어 준 은공(恩功)을 갚게 해 달라며 자신을 벌하고, 이오성 집안의 명예를 회복시켜 줄 것을 간청했습니다. 중종은 반석평의 의롭고 순수한 마음에 감동되어 과거를 문제 삼지 않고, 은혜에 보답할 수 있도록 그의 청을 받아들였습니다. 반석평은 예조와 호조, 공조 참판을 두루 지냈으며, 한성판윤(漢城判尹)과 형조판서(刑曹判書)를 거쳐 좌찬성(左贊成)의 자리까지 오르게 되었습니다.

삶의 지혜를 배우는 고사성어

공자는 『논어(論語)』에서 "남들이 나를 알아주지 않음을 걱정하지 말고, 내가 남들을 알아보지 못함을 걱정하라."고 했습니다. 세상이 나를 알아주지 않는다고 생각하지 말고, 남이 나를 알아줄 만한 사람이 되기 위해 노력해야 한다는 뜻입니다. 뛰어난 재주를 가진 사람은 평소에는 모르지만 언젠가는 알려지기 마련입니다. 마치 주머니 속에 있는 송곳을 아무리 감추려고 해도 드러날 수밖에 없는 것과 같습니다.

최선을 다해 재능을 갈고닦은 사람은 반드시 훌륭한 인재로 쓰입니다.

27 백문불여일견(百聞不如一見)

字解 일백 백 百·들을 문 聞·아니 불 不·같을 여 如·한 일 一·볼 견 見
語義 백 번 듣는 것이 한 번 보는 것만 못하다.
解義 무엇이든지 직접 경험해 보아야 확실히 알 수 있다.

중국 한나라 선제(宣帝) 때 서북쪽 변방에 강족(羌族)이 살고 있었습니다. 조정에서는 그들을 허가 지역에서 유목 생활을 하도록 했으나 남쪽으로 내려오자 진압하는 과정에서 많은 유목민들이 죽었습니다. 원한을 품은 강족은 흉노와 연합하여 반란을 일으켰습니다.

이 소식을 전해들은 선제는 신하들을 불러 대책을 논의한 결과 토벌군을 보내기로 했습니다. 선제는 어사대부(御史大夫)를 시켜 흉노족(匈奴族)에 대해서 누구보다도 잘 알고 있는 조충국(趙充國) 장군에게 토벌군 대장으로 임명할 적임자를 추천받아 오라고 했습니다.

"제가 가장 적임자입니다."

조충국은 잠시의 망설임도 없이 대답하고 황궁으로 앞장서 갔습니다. 선제는 조충국 장군이 나이가 70이 넘는 고령이어서 걱정이 되는 듯 물었습니다.

"조 장군의 뜻은 알겠으나 출정(出征)하시기에 나이가 너무 많지 않소?"

"전투에는 나이가 중요하지 않습니다. 강족을 토벌하는 데는 저보다

나은 장수가 없습니다. 저는 수십 년 동안 오랑캐와 싸운 경험이 있기 때문에 누구보다도 그들의 마음을 잘 알고 있습니다. 저를 보내 주시면 반드시 평정하고 돌아오겠습니다."

조충국은 무제(武帝)때 흉노 토벌에 출전하여 한나라 군이 포위되자 백여 명의 군사를 이끌고 적진으로 돌진하여 그들과 싸워 포위망을 뚫고 돌아와 거기장군(車騎將軍)에 임명된 명장(名將)이었습니다. 선제가 반란군 진압에 어떤 작전을 쓸지 묻자 조충국이 대답했습니다.

"백 번 듣는 것이 한 번 보는 것보다 못합니다(百聞不如一見). 싸움을 벌일 장소에서 멀리 떨어진 곳에서는 전략을 세우기는 어렵습니다. 일단 가서 지형(地形)을 비롯한 여러 가지 여건을 살펴보고 방책을 세우겠습니다. 심려하지 마시고 저에게 맡겨 주십시오."

선제는 그 말이 옳다고 판단하여 승낙했습니다. 조충국은 즉시 현지인 금성(金城)으로 달려가 지세(地勢)와 적의 동태를 면밀히 살펴보고 포로로 잡힌 군사로부터 정보를 캐낸 후 둔전책(屯田策)을 세웠습니다. 즉 보병 일만여 명을 각지에 배치시켜 농사일을 해 가면서 군무에 종사하게 하는 것이었습니다. 조충국의 계책은 확실히 들어맞아 싸움을 하지 않고도 1년 후 강족의 반란이 진압되었습니다.

이처럼 '백문불여일견(百聞不如一見)'은 조충국의 말에서 유래된 것으로 '여러 번 듣는 것보다 한 번 보는 것이 훨씬 좋다.'는 뜻입니다. 다른 사람의 말만 듣고 판단하기보다는 직접 알아보고 확인하여 실천하는 자세가 필요하다는 말입니다.

28 이문불여목견(耳聞不如目見)

字解 귀 이 耳·들을 문 聞·아닐 불 不·같을 여 如·눈 목 目·볼 견 見

語義 귀로 듣는 것은 눈으로 보는 것만 못하다.

解義 귀로 듣고 눈으로 보지만 말고 직접 확인해야 한다.

전국시대 위(魏)나라 문후(文侯)가 재위에 오르자 업(鄴) 땅의 유수(留守) 자리에 서문표(西門豹)가 적임자로 추천되었습니다. 업 땅은 황하(黃河) 유역에 치수(治水)가 되지 않아 비가 오면 범람하여 사람들이 죽고 농작물이 큰 피해를 입고 있었습니다. 문후(文侯)가 서문표를 업 땅의 관리자로 임명하면서 당부했습니다.

"반드시 큰 공을 세워서 이름을 떨치고 인의(仁義)를 베풀도록 하시오. 어느 고을에 가든지 어질고 말을 잘하며 박식한 사람이 있는 것이오. 남의 단점을 들추어내고 남의 좋은 점을 이야기 하지 않는 사람이 없는 고을은 없는 법이오. 반드시 어진 사람을 찾아서 그들과 친하게 지내고, 말 잘하고 박식한 사람은 스승으로 삼으시오. 남의 단점을 들추어내기를 좋아하는 사람이나, 남의 좋은 점을 이야기하지 않는 사람이 누구인지 물어서 자세히 살펴야 하오. 무슨 일을 하든지 소문만 듣고 일을 처리해서는 안 되오. 귀로 듣는 것은 눈으로 보는 것만 못하고, 눈으로 보는 것은 발로 확인하는 것만 못하며, 발로 확인하는 것은 손으로 직접

삶의 지혜를 배우는 고사성어

실행하는 것만 못한 것이오(耳聞不如目見)."

서문표는 업현(鄴懸)에 도착하자, 백성들이 괴로워하고 있는 것이 무엇인지 장로(長老)들에게 묻자 그들이 대답했습니다.

"지금 업현에 삼로(三老)와 아전(衙前)들은 황하의 신인 하백에게 여자를 바치기 위해 매년 수백만 전의 세금을 거두어들이고 있습니다. 이들은 그 가운데 행사를 위해 20~30만 전을 쓰고 나머지는 무당들과 나누어 가집니다. 딸을 가진 집에서는 무당이 자기 딸을 데려갈까 두려워 멀리 달아나는 자들이 많습니다. 이런 이유로 성안의 사람들은 더욱 줄어들고 가난해졌습니다. 이런 일이 있은 지도 실로 오래되었습니다."

모든 사실을 알게 된 서문표는 하백이 아내를 맞이하는 날이 되자 황하로 갔습니다. 관원(官員), 삼로(三老), 호장(豪長), 부로(父老)들이 모두 모이고, 이를 구경하러 온 백성들이 이삼천 명에 이르렀습니다. 늙은 무당도 화려한 비단옷을 입고 장신구를 달은 채 10여 명의 여(女) 제자들 호위를 받으며 나타났습니다. 이때 서문표는 하백의 신부를 자신의 앞으로 불러서 그녀를 자세히 살펴보며 말했습니다.

"이 신부는 황하의 신하에게 바칠 만한 미모(美貌)가 아니오. 무당 할멈이 직접 물속에 들어가서 하백에게 다음에 아름다운 처녀를 구해 보내 드리겠다고 전하고 오시오."

서문표가 말을 마치자 수행 군졸들이 일제히 달려들어 무당을 잡아 강물 속으로 던져 버렸습니다. 그리고 한참 후에 무당이 오지 않자 제자들에게 모셔 오라고 하며 수장(水葬)하고, 수장한 제자들이 돌아오지 않자 삼로(三老)에게 말을 분명하게 전하라고 하며 강물 속으로 던져 버리자 이들은 파도 속에 휩쓸려 유유히 사라져 버렸습니다.

이 모습을 보고 아전과 백성들은 너무나 놀라고 두려워서 다시는 하백에게 시집보내자고 말을 하는 사람이 없었습니다.

그 후 서문표는 황하의 범람(汜濫) 이유를 분석하여 치수(治水) 계획을 세운 후 열두 개의 수로(水路)를 만들었습니다. 그러자 농업 생산량은 크게 증대되었고 백성들은 수재(水災)의 두려움에서 벗어나 풍요로운 생활을 누리게 되었습니다.

훗날, 후한시대 조조는 관도대전에서 원소에게 완전한 승리거두며 업(鄴) 땅을 거점으로 북방을 통일했습니다. 조조는 서문표의 행적을 보고 그를 존경하여 "내가 죽으면 업 땅의 서쪽 언덕 서문표 사당 부근에 묻어 달라."고 유언했습니다.

지금도 중국 하북성(河北省) 임장현(臨漳縣)에 가면 서문표가 만든 수로가 있는데 서문거(西門渠)라 불리고 있으며 유적지로 지정되어 있습니다.

삶의 지혜를 배우는 고사성어

삶의 지혜(智慧)

중국 송(宋)나라에 무예가 뛰어난 심경지(沈慶之)라는 사람이 있었습니다. 그는 3대 황제인 문제(文帝) 때 이민족(異民族)의 반란을 진압하여 장군에 임명되었으며 많은 공을 세워 이름을 떨쳤습니다. 그가 건무장군(建武將軍)이 되어 변경수비군 총수(總帥)로 부임하였습니다.

이때 북위(北魏)의 태무제(太武帝)가 북방의 이민족인 유연(柔然)을 공격하자 효무제는 북위를 칠 좋은 기회라고 생각했습니다. 그래서 심경지가 배석한 자리에서 문신(文臣)들과 북위를 공격할 방법을 논의했습니다. 전투 경험이 없는 문신들은 모두 찬성했지만 심경지는 북벌 실패의 전례를 들어 출병(出兵)을 반대하며 말했습니다.

"폐하! 나라를 다스리는 것은 가정을 다스리는 것과 크게 차이가 없습니다. 밭 가는 일은 농부에게 맡겨야 하고, 바느질하는 일은 아낙에게 맡겨야 합니다. 하물며 북위를 정벌하시고자 하시면서 어떻게 흰 얼굴에 글만 읽는 사람들과 일을 도모하시어 승리할 수 있겠습니까?"

그러나 효무제(孝武帝)는 심경지의 말을 듣지 않고 문신(文臣)들의 의견을 받아들여 출병했다가 크게 패하고 말았습니다.

우리 속담에 '귀 장사 하지 말고 눈 장사 하라.'는 말이 있습니다. 소문만 듣고 쫓아다니지 말고 직접 눈으로 보고 확인하라는 뜻입니다. 어떤 문제가 생겼을 때 조직을 책임지고 있는 사람이 책상에 앉아서 귀로

만 듣고 판단하면 올바른 결정을 내릴 수가 없습니다. 아무리 많은 정보를 가지고 있다고 하더라도 현장에 달려가 보면 실제 상황과 다를 때가 많기 때문입니다. 무슨 일이든 최선의 방법은 현장에 직접 달려가서 보고, 듣고, 확인한 후에 계획을 세워서 실천해야 성공할 수 있습니다.

귀로만 듣지 말고 눈으로 보고, 발로 뛰고, 손으로 실천하는 것이 자신을 위하고 국가를 위한 일입니다.

29 인자무적(仁者無敵)

字解 어질 인 仁 · 사람 자 者 · 없을 무 無 · 원수 적 敵
語義 어진 사람에게는 적이 없다.
解義 어진 사람에게는 대적할 자가 없다.

춘추전국시대(春秋戰國時代) 맹자(孟子)는 여러 나라를 순방하면서 덕망 있는 사람이 어두운 사람을 다스려야 한다는 왕도정치(王道政治)를 주장했습니다.

양(梁)나라 혜왕(惠王)은 진나라와 전쟁에서 패한 뒤 어떻게 하면 치욕을 씻을 수 있을지 고민하고 있었습니다. 혜왕이 맹자를 만나 말했습니다.

"우리 양나라가 천하의 어느 나라보다 강했다는 것은 선생께서도 잘 알고 있을 것이오. 그런데 과인의 대에 이르러 동쪽의 제나라와 전쟁에 패하여 태자(太子)를 잃었고, 서쪽으로는 진(秦)나라에 광대한 영토를 잃었으며, 남쪽으로는 초나라에 수치를 당했습니다. 과인은 이를 부끄럽게 생각하여 전쟁터에서 죽은 사람들의 영혼을 위해서 설욕하고자 하는데 어떻게 하면 되겠습니까?"

그러자 맹자가 대답했습니다.

"땅이 사방 백 리만 되어도 천하에 왕 노릇을 할 수 있습니다. 왕께서는 먼저 인자한 정치를 해서 형벌(刑罰)을 줄이시고 세금을 가볍게 해야 합니다. 농사철에는 백성들로 하여금 농사를 짓게 하고, 모든 장정들과 백성들에게 부모에게 효도하게 하며, 형제간에 우애하게 해야 합니다. 또한 임금에 대한 충성과 벗 사이의 믿음을 배우게 해야 하며, 집안에서는 부모님과 형제끼리 잘 섬기고, 밖에서는 웃어른을 공경토록 해야 합니다. 그리하면 진나라와 초나라의 갑옷과 병기가 아무리 견고하고 예리해도 모두 상대하여 이길 수 있습니다."

이 말을 듣고 혜왕이 물었습니다.

"군대가 있어야 나라가 강해지는 법인데 어찌 베풀기만 하여 적의 막강한 군대를 이길 수 있다는 말이오?"

맹자가 대답했습니다.

"적국의 군주가 백성들에게 농사철을 빼앗아 백성들로 하여금 밭을 갈고 김을 매서 부모를 공양하지 못하게 하면 부모는 추위에 떨며 굶주리고, 형제와 처자는 뿔뿔이 흩어집니다. 저들이 이처럼 백성들을 도탄에 빠뜨리고 있는데 왕께서 진나와 초나라를 정벌하신다면 누가 감히 대적하겠습니까? 그래서 옛말에 '인자한 사람에게는 적이 없다(仁者無敵).'고 했습니다. 왕께서는 제 말을 의심하지 마십시오."

맹자는 조직의 힘은 무기와 물질이 아니라 신뢰와 공감대로 이루어지는 인(仁)의 정치를 실천하면 대적할 것이 없다는 것을 말해 주었습니다.

삶의 지혜를 배우는 고사성어

이와 같이 인자무적(仁者無敵)은 인자한 왕이 백성을 위한 정치를 베풀면 주변에 대적할 나라가 없듯이, 어진 사람에게는 누구도 대적할 사람이 없다는 말입니다.

맹자는 군주가 백성을 위해 노력하고 배려하는 인(仁)의 정치를 추구했습니다. 군주의 자리는 하늘과 백성이 내린 것이라고 하며 백성이 모든 정치의 중심이라고 강조했습니다. 그는 항산항심(抗産抗心)이라고 하며 먹을 것이 있어야 윤리가 있고 도덕이 나온다고 했습니다. 그래서 민생(民生)을 해결하는 것이 왕도정치(王道政治)의 시작이며, 민본정치(民本政治)의 중심이라고 했습니다.

30 대도무문(大道無門)

字解　큰 대 大 · 길 도 道 · 없을 무 無 · 문 문 門
語義　큰 길을 가는 데는 문이 없다.
解義　큰 깨달음이나 진리에 이르는 데는 정해진 길이나 방식이 없다.

송나라 무문선사(無門禪師)인 혜개(慧開)는 용상사(龍床寺)라는 절에서 참선하는 수행승의 수좌(首座) 자리에 있었습니다.

이때 절의 경내에 많은 수행자들이 모여 석가모니의 말과 행동을 묻는 자리에서 학인(學人)들을 인도했습니다. 이들 불교 수행을 모아서 간추린 책을 무문관(無門關)이라고 합니다. 무문관에 다음과 같은 글이 전해옵니다.

大道無門 千差有路(대도무문 천차유로)
透得此關 乾坤獨步(투득차관 건곤독보)

큰 길에는 문이 없으나 천차만별의 길이 있다.
이 관문을 뚫고 나가면 하늘과 땅을 홀로 걸을 수 있다.

위 글은 어렵고 힘든 수행의 길을 은유적(隱喩的)으로 표현한 말입니다. 큰 길은 바른 도리, 옳은 길, 당연한 이치를 뜻하며, 문이 없는 큰 길을 가는 데는 요행이나 지름길을 찾을 것이 아니라 스스로 정성을 다해 노력해서 도달해야 옳다는 말입니다.

무문(無門)에 대한 일화(逸話)입니다. 당나라 항주태수(杭州太守) 백낙천(白樂天)이 고승(高僧)으로 도가 높다는 도림선사(道林禪師)를 찾아갔습니다. 그때 도림 선사가 경내에 있는 오래된 소나무 위에 올라가 무문관(無門關)을 수행하고 있었습니다. 백낙천이 물었습니다.

"스님은 어찌하여 그토록 위태로운 곳에 앉아 계십니까? 위험하니 어서 내려오십시요."

"내가 앉아 있는 이 자리는 든든한 반석과도 같소. 나보다도 그대의 자리가 위태롭구려."

"저는 지금 안전한 땅을 밟고 있고, 태수의 자리까지 올랐는데 어찌하여 제 자리가 위태롭다고 하십니까?"

"지금 그대 마음은 티끌 같은 세상 지식으로 교만한 마음만 늘어 번뇌가 끝이 없고, 섶에 불을 붙여 놓은 것처럼 탐욕의 불꽃이 타오르고 있으니 어찌 위태롭다고 하지 않을 수 있겠소."

백낙천은 자기 마음을 훤히 꿰뚫어 보는 선사의 기개에 눌려 정중하게 절을 올린 후 진정한 불법이 무엇인지 묻자 스님이 말했습니다.

"나쁜 일을 하지 않고(諸惡莫作), 착한 일을 받들어 행하는 것이요(衆善奉幸)."

대단한 가르침을 기대했던 백낙천이 삼척동자도 아는 일이라고 하자 도림 선사가 말했습니다.

"그렇소. 세 살 먹은 어린아이도 다 아는 사실이지만, 경륜과 학식이 풍부한 팔십 노인도 행하기는 어려운 일이오."

선사의 말에 백낙천은 비로소 자신을 깨달았습니다. 지행일치(知行一致), 악을 짓지 않고 선을 행하는 실천! 아는 것을 그대로 행동에 옮기는 것이 얼마나 힘든 일인지 알고 있었기 때문이었습니다.

그 후 백낙천은 오만한 태도를 버리고 백성을 위한 정치를 하면서 수시로 도림선사를 찾아 수행하면서 후대에 이름을 떨칠 훌륭한 시를 많이 지었습니다.

삶의 지혜(智慧)

노자(老子)의 도덕경(道德經)에 상선약수(上善若水)라는 말이 있습니다. 가장 아름다운 것은 물처럼 사는 것이라는 뜻입니다. 노자는 선(善)에는 상선(上善), 중선(中善), 하선(下善)이 있는데 그중 최고의 선(善)인 상선(上善)은 물과 같다고 한 데서 나온 말입니다. 노자가 말했습니다.

"물은 만물을 이롭게 하면서도 다투지 않고(水善利萬物而不爭), 많은 사람들이 싫어하는 낮은 곳에 머물기를 마다하지 않으며(處衆人之所惡), 성품은 가장 도에 가깝다(故幾於道)."

올바른 삶을 살기 위해서는 물의 본질적인 자세를 배우라는 뜻으로 물의 덕(德)을 익히면 도(道)에 이를 수 있다는 말입니다.

그러면서 다음과 같은 물의 정신을 본받아야 한다고 했습니다.

첫째, 물은 남과 싸우거나 경쟁을 하지 않는 부쟁(不爭)의 덕(德)이 있다. 물은 온 세상 만물에 비를 내려 길러 주고 키워 주지만 자신의 공이라고 자랑하지 않는다. 메마른 대지를 적셔 주고, 목마른 논과 밭에 갈증을 풀어 주지만 내가 주었다고 자신의 공을 남과 다투지 않는다.

둘째, 남들이 가장 싫어하는 낮은 곳으로 쉬지 않고 흘러가는 겸손의 덕(德)이 있다. 웅덩이를 만나면 가득 채운 다음 앞으로 나아가고, 비가 오면 냇물을 이루고, 냇물은 강물을 이루면서 아래로 흘러간다. 그리고 끝내는 넓은 바다에 이르러 자신의 목적을 달성한다.

그래서 낮은 곳으로 흐르는 겸손(謙遜), 막히면 돌아가는 지혜(智惠), 구정물도 받아 주는 포용(包容), 어떤 그릇에도 담기는 융통(融通), 바위도 뚫는 끈기와 인내(忍耐), 장엄한 폭포처럼 투신하는 용기(勇氣), 유유히 흐르는 대의(大義))를 말하며, 물의 일곱 가지 덕(德)인 수유칠덕(水有七德)을 본받아야 한다고 했습니다.

물은 '인자무적(仁者無敵)'의 정신을 가지고 있습니다. 인(仁)을 실천하는 사람은 모든 사람을 사랑하므로 누구도 대적할 자가 없습니다. 그러나 인자(仁者)도 시기하고 질투하며 적대시하는 사람이 있을 수 있으나 사랑을 실천하기 때문에 이길 수가 없습니다.

인자(仁者)한 사람은 싸우더라도 인화(人和)를 바탕으로 하기 때문에 반드시 승리합니다. 훌륭한 사람이 되기 위한 길은 '인자무적(仁者無敵)'입니다.

31 절차탁마(切磋琢磨)

字解 자를 절 切 · 갈 차 磋 · 쫄 탁 琢 · 갈 마 磨

語義 자르고 갈고 쪼며 간다.

解義 학문이나 인격을 갈고 닦는다.

자공(子貢)은 위(魏)나라 출신으로 공자(孔子)가 아끼는 제자입니다. 말솜씨가 좋고 정치적인 수완이 뛰어나 노(魯)나라와 위(魏)나라의 재상을 지냈습니다. 남의 장점에 대해 칭찬하기를 좋아하고 능력이 비범하여 "공자보다 자공이 뛰어나다."라는 말을 듣기도 했습니다.

어느 날 자공이 스승인 공자(孔子)에게 물었습니다.

"가난해도 남에게 아첨하지 않으며 부유하더라도 오만하지 않는 사람은 어떤 사람입니까?"

공자가 대답했습니다.

"옳긴 하지만, 가난하면서도 도(道)를 즐기고 부유하면서도 예(禮)를 좋아하는 사람만은 못하다."

자공이 자신은 부자이면서 겸손하다는 것을 은근히 자랑하자 공자는 그것도 옳긴 하지만 가난하면서 사람의 도리를 잘 따르는 것이 더 훌륭한 것이라고 말한 것입니다. 그러자 자공이 물었습니다.

"그럼, 지금 하신 말씀은 『시경(詩經)』에 나오는 절차탁마(切磋琢磨)

를 말씀하시는 것인지요?『시경』을 보면 선명하고 아름다운 군자는 뼈
나 상아를 줄로 다듬은 듯, 옥이나 돌을 쪼아서 간 것처럼 빛나는 것
과 같다고 하였는데 이는 수양에 수양을 쌓아야 한다는 뜻이 아닐까요?"

자공의 이런 대답에 공자는 매우 흡족해하였습니다. 좀 더 수련을 하
고 연마해야 한다는 자신의 가르침을 자공이 정확하게 이해하였기 때
문입니다.

"자공아, 이제 비로소 나와 네가『시경』을 이야기할 수 있겠구나. 지
나간 것을 알려 주니 앞으로 올 것까지 알아냈구나. 너야말로 하나를 알
려 주면 둘을 아는 인물이다." 하고 자공을 크게 칭찬했습니다.

다음 시는 끊임없이 학문과 덕행(德行)을 닦아 위엄 있고 의젓한 무
왕(武王)에 대한 덕을 칭송한 노래입니다. 공자가 자공과 문답을 할 때
이 시를 인용하면서 '절차탁마(切磋琢磨)'가 유래했습니다.

기수의 물결 바라보니 푸른 대 우거졌네.
멋진 군자는 뼈와 상아 다듬은 듯
구슬과 돌을 갈고 간 듯이 엄하고 너그럽네.
환하고 의젓한 분 멋진 군자여 끝내 잊을 수 없네.

절차탁마(切磋琢磨)는 뼈나 상아나 옥돌로 물건을 만들 때 순서에 따
라 다듬고 또 다듬어서 완전하게 물건을 만들어 내는 것을 말합니다. 이
와 같이 학문을 쌓고 수양을 닦는 데도 과정을 거쳐야 비로소 목표를 달

성할 수 있다는 것입니다. 모든 일에는 절차가 있고 과정이 있듯이, 꾸준히 노력을 하되 순서 있게 하는 것이 절차탁마인 것입니다.

『대학(大學)』에서는 이 성어에 대해 여절여차(如切如磋) 여탁여마(如琢如磨)라고 했습니다. 절차(切磋)는 학문을 뜻하고, 탁마(琢磨)는 수양으로 되어 있습니다. 즉 자르는 듯하고 슬듯이 학문을 익히고, 쪼는 듯하고 갈 듯이 스스로 수양을 하라는 이야기입니다. 그래서 과정과 절차의 중요성을 이렇게 말했습니다. "세상의 모든 일에는 중요한 부분과 중요하지 않은 부분이 있고(本末), 처음과 끝이 있다(始終). 그러니 선후(先後)를 알면 목표를 쉽게 달성할 수 있을 것이다."

32 청경우독(晴耕雨讀)

字解　갤 청 晴 · 밭 갈 경 耕 · 비 우 雨 · 읽을 독 讀

語義　날이 개면 밭을 갈고 비가 오면 글을 읽는다.

解義　여가를 헛되이 보내지 않고 부지런히 일하며 열심히 공부한다.

　제갈량(諸葛亮)은 오늘날 중국 산동성 낭야군 양도현 출신이며 자(字)는 공명(孔明)입니다. 제갈규(諸葛珪)의 둘째 아들이며, 형은 제갈근(諸葛瑾), 동생은 제갈균(諸葛均)입니다. 어머니는 동생을 낳은 후 죽었으며, 아버지도 열네 살이 되던 때에 세상을 떠났습니다. 형은 오나라 왕 손권의 훌륭한 참모가 되었고, 동생은 촉나라 수도 방위 사령관인 장수교위(長水校尉)의 벼슬까지 올랐습니다.

　제갈량은 어릴 때 숙부 제갈현(諸葛玄)이 죽자 어쩔 수 없이 형주 땅 양양 교외에 있는 융중산(隆中山) 근처에서 초가집을 짓고 '청경우독(晴耕雨讀)'하며 살았습니다. 맑은 날에는 들에 나가 논 밭을 갈고, 비가 오는 날이면 책을 읽고 때로는 거문고를 타면서 근면 성실하게 세월을 보냈습니다. 이때 제갈량은 자신의 심경을 다음과 같이 시(詩)로 표현했습니다.

　봉황은 천길 높은 하늘 위를 날지만 오동나무가 아니면 깃들지 않고,

　　　　　　　　　　　　　삶의 지혜를 배우는 고사성어

선비는 외진 곳에서 숨어 살아도 옳은 주인이 아니면 의탁하지 않는다.
마음 기쁘게 몸소 밭을 일구어 먹고 살면서 나는 내 초가집을 사랑한다.
마음 한가로이 거문고 타며 책을 읽으면서 때를 기다리노라.

그는 어릴 때부터 두뇌가 명석하고 지략이 뛰어났으며 성인(成人)이
되어 가면서 명성(名聲)이 세상에 알려지기 시작했습니다. 그때 유비는
한실 부흥을 위해 관우, 장비와 의형제를 맺고 군사를 일으켰지만 항상
조조에게 고전을 면치 못했습니다. 그래서 전군을 통솔할 군사(軍師)의
필요성을 절감하고 인재를 찾고 있던 중에 깊은 산속에서 숨어 살고 있
는 사마휘(司馬徽)를 만났습니다. 유비가 정중히 전후 사정을 이야기
하자 사마휘는 제갈량(諸葛亮)을 추천해 주었습니다. 삼고초려(三顧草
廬)하여 제갈량을 얻은 유비는 그의 뛰어난 지략에 힘입어 촉(蜀)나라
를 세웠습니다.

제갈량은 지난날을 회상할 때마다 융중에서 생활을 '청경우독'하던
시기였다고 했습니다. 그가 젊은 날 열심히 책을 읽어 터득한 지식은 유
비가 초나라를 세우는 데 지략적인 밑거름이 되었습니다. 또한 전쟁 중
에 천체에서 일어나는 여러 가지 일들을 꿰뚫어 볼 수 있었고, 지리를
통달할 수 있었습니다. 제갈량의 천재적 지략과 신묘한 계책은 젊었을
때 '청경우독'한 지식의 산물이었습니다.

삶의 지혜(智慧)

현대그룹 창업자인 정주영(鄭周永) 회장은 초등학교를 졸업한 후 노동으로 시작하여 온갖 어려움을 극복해 가면서 한국 최대의 재벌이 된 인물입니다. 경일상회란 미곡상(米穀商)을 시작으로 자동차 정비업, 건설업 등을 거치며 오늘날 현대그룹을 이루었습니다.

그는 한국 전쟁 중에는 파괴된 국내 사회 간접 시설 복구에 힘썼으며, 이후에는 국가기반 시설을 구축하는 데 중요한 역할을 하여 중공업 산업화에 크게 기여했습니다. 처음으로 중동에 진출하여 해외 건설 붐을 일으켰으며, 한국 최초로 자동차 공장을 설립하여 국산 '포니'를 미국 시장에 수출하기도 했습니다. 또한 기업인 최초로 북한을 방문하여 '금강산 개발사업 의정서'를 체결했으며, 분단 이후 최초로 '통일 소'로 불리는 500마리의 소와 함께 방북한 것을 계기로 금강산 관광 등을 유치하여 대북 사업의 선구자로 활동했습니다.

정주영 회장은 고난을 기회로 보고 "시련은 있어도 실패는 없다."고 하며 많은 사람들에게 꿈과 희망을 주었습니다. 그는 종교에는 기적이 있을 수 있지만 경제에는 기적이 없다고 했습니다. "길이 없으면 길을 찾아야 하고, 찾아도 없으면 길을 닦아 나가야 한다."고 하며 뒤떨어진 분야는 더 열심히 노력해서 새로운 길을 개척해 나가야 한다고 강조했습니다.

이와 같은 그의 개척 정신은 우리나라 국토의 대동맥인 경부고속도로와 동양 최대의 사력(沙礫)댐이며 세계에서 5번째로 큰 소양감 댐을 건설하여 '한강의 기적'을 만드는 데 크게 기여했습니다.

그는 성공의 비결에 대해 "내가 하고 있는 일에 최고의 결과를 얻기 위해 최선의 노력을 하며 살아왔기 때문이다."고 했습니다.

'절차탁마(切磋琢磨)'의 과정을 거치지 않으면 아름다운 보석이 만들어지지 않습니다. 귀한 옥은 하루아침에 만들어지는 것이 아니고 원석을 갈고 다듬는 과정에서 최고의 아름다운 보석으로 태어납니다.

신념(信念)을 가지고 불굴의 정신으로 노력하는 사람만이 성공의 기회가 주어집니다.

33 좌우명(座右銘)

字解 자리 좌 座 · 오른쪽 우 右 · 새길 명 銘

語義 자리 옆에 새겨 놓은 좋은 글.

解義 항상 자리 옆에 두고 가르침으로 삼는 말이나 문구.

제(齊)나라 환공(桓公)이 죽자 묘당(廟堂)을 세우고 그가 살아 있을 때 사용했던 여러 가지 물건들을 진열해 놓았습니다. 그중에는 특이한 술독 하나가 있었습니다.

공자가 어느 날 제자들에게 신기한 술독을 보여 주기 위해서 환공의 묘당을 찾았습니다. 많은 물건 가운데 공자는 기울어져 있는 술독을 유심히 살펴보았습니다. 그 술독에는 '좌우명(座右銘)'이란 글자가 씌어 있었습니다.

"보아라! 이것이 바로 제나라 환공이 항상 의자 오른쪽에 두고 가득 차는 것을 경계했다는 술독이다!"

공자는 제자들에게 물을 길어와 술독을 채워 보라고 했습니다. 물을 채우기 시작하자 비스듬히 기울어져 있던 술독이 점점 바로 서더니, 물이 가득 차자 다시 옆으로 쓰러지는 것이었습니다. 공자가 말했습니다.

"학문도 바로 이 술독과 같은 것이다. 조금 배웠다고 교만하여진다면 이 술독이 가득 찰 때 쓰러지는 것처럼 반드시 화를 당하게 되는 것이다. 학문에 전념하여 넘어지지 않도록 명심하도록 하여라."

그 뒤 공자는 집에 돌아와 환공의 것과 똑같은 술독을 만들어서 항상 의자 오른쪽에 두고 넘치는 것을 경계하며 스스로의 마음을 가다듬었습니다.

좌우명(座右銘)이라는 말은 후한(後漢)의 학자 최원(崔瑗)에서 유래되었습니다. 그는 저명한 학자 최인(崔駰)의 아들로 어려서 배움의 뜻을 세워 낙양(洛陽)으로 유학을 떠났습니다. 그러나 형인 최장이 의문의 죽음을 당하자 직접 원수를 찾아 죽이고 관아의 추적을 피해 유랑 생활을 했습니다. 후에 조정의 사면(赦免)을 받아 고향에 돌아온 그는 자신의 행위에 대해 깊이 뉘우치고 덕행(德行)을 기르고자 한 편의 글을 지었습니다. 이 문장을 '좌우명(座右銘)'이라 하였으며 책상 옆에 두고 항상 자신의 언행(言行)을 경계했습니다. 그의 좌우명에 다음과 같은 글귀가 있습니다.

"在涅貴不淄 曖曖內含光(재열귀불치 애애내함광)."

'검은 곳에 있어도 검어지지 않음을 귀히 여기고, 어둠에서도 속으로 빛을 지녀라.'는 말입니다.

오늘날 검은 세상의 거친 파도에 물들지 않고 자신의 내면적 가치를 굳게 지키며 살아가는 것은 참으로 어려운 일입니다. 오래전 글이지만 지금도 귀감이 되는 좋은 문구이기에 좌우명으로 삼기에 부족함이 없는 것 같습니다.

34 계영배(戒盈杯)

字解 경계할 계 戒 · 찰 영 盈 · 잔 배 杯

語義 넘침을 경계하는 술잔.

解義 사람의 끝없는 욕심을 경계해야 한다.

조선시대 강원도 홍천 산골에 질그릇을 만들어 파는 우삼돌이라는 사람이 있었습니다. 그는 사기로 유명한 분원(分院)에 들어가 좋은 그릇을 만드는 것이 소원이었습니다.

어느 날 그는 큰 뜻을 품고 집을 떠나 궁중에 그릇을 만들어 진상하던 경기도 광주분원(廣州分院)에 찾아가 조선 최고의 도공(陶工)인 '지외장'의 제자가 되었습니다.

그는 스승의 지도하에 새벽부터 밤까지 흙 반죽을 만들어 가며 그릇 만드는 법을 배우기 위해 온갖 노력을 다했습니다. 이러한 정성으로 8년이 되어 갈 무렵 그의 기술은 뛰어난 도예(陶藝)의 경지(境地)에 도달했습니다. 그래서 스승도 만들지 못한 '설백자기(雪白瓷器)'를 만들어 왕실에 진상했습니다. 이를 본 순조대왕(純祖大王)은 도자기의 아름다움에 경탄(敬歎)하며, 새 옷을 하사하고 이름도 명옥(明玉)이라고 지어 주었습니다.

이후부터 삼돌은 '명옥'이라는 유명한 도공(陶工)으로 대접을 받게 되었습니다. 그러자 전국 각지에서 수많은 사람들이 그릇을 주문하고, 명문세가(名文世家)들은 그의 작품을 소장하는 것이 큰 자랑거리가 되어 엄청난 돈을 벌게 되었습니다.

갑자기 많은 재물을 손에 넣은 명옥은 그때부터 술과 여자에 빠져 그동안 벌었던 돈을 탕진했습니다. 그러던 어느 날, 뱃놀이를 하고 돌아오던 중에 폭풍우를 만나 함께 갔던 동료들과 기녀들은 모두 물에 빠져 죽고 명옥만 구사일생으로 살아남았습니다.

그 일이 있은 후 그는 자신의 교만함과 방탕함을 뼈저리게 반성하고 지외장에게 용서를 구했습니다. 스승은 다시 시작할 것을 권하며 말했습니다.

"이젠 그릇을 굽지 말고 네 마음을 구워 보거라!"

우명옥은 몸과 마음을 깨끗이 한 뒤, 언제가 실학자 '하백원(河百源)'에게 전해들은 술잔 하나를 만들어 스승인 '지외장'에게 바쳤습니다. 그 술잔은 7부가 넘치면 모두 밑바닥으로 흘러내리는 잔이었습니다. 술잔의 이름을 '넘침을 경계하는 잔'이라는 뜻에서 계영배(戒盈杯)라고 했습니다. 잔에 이런 문구가 새겨져 있었습니다.

"계영기원 여이동사(戒盈祈願 與爾同死)."

가득 채워 마시지 말기를 바라며, 너와 함께 죽기를 원한다는 말입니다.

그 후 이 술잔은 조선시대 거상(巨商)인 임상옥(林尙沃)에게 전해졌고 그는 계영배를 항상 옆에 두고 과욕을 경계했습니다. 임상옥이 조선시대 최고의 부자로 화를 당하지 않고 상도(商道)의 길을 걷게 된 것은 '계영배(戒盈杯)'의 교훈(敎訓)을 항상 마음속에 새기면서 생활한 덕분이었습니다.

삶의 지혜(智慧)

훌륭한 위인들이나 성공한 사람들은 자신의 인생관(人生觀)이 반영된 좌우명(座右銘)을 가지고 실천하며 생활했습니다. 좌우명은 다음과 같습니다.

이황

桐千年老恒藏曲 梅一生寒不賣香 月到千虧餘本質 柳經百別又新枝 (동천년로항장곡 매일생한불매향 월도천휴여본질 유경백별우신지): 오동나무는 천 년을 늙어도 가락을 잃지 않고, 매화는 한평생 추워도 향기를 팔지 않는다. 달은 천 번을 이지러져도 본모습을 잃지 않으며, 버들가지는 백 번을 꺾기어도 새로운 가지가 올라온다.

김구

踏雪野中去 不須胡亂行 今日我行跡 遂作後人程(답설야중거 불수호난행 금일아행적 수작후인정): 밤에 눈 덮인 들판을 걸을 때는 함부로 어지럽게 걷지 마라. 오늘 내가 남기는 발자국은 뒤에 오는 사람의 이정표가 될 것이다.

안중근

見利思義 見危致命(견리사의 견위치명): 이득을 보거든 옳은 것인가

를 생각하고, 나라가 위태로우면 목숨을 바쳐라.

이순신

必死則生 必生則死(필사즉생 필생즉사): 죽고자 하면 반드시 살 것이고, 살고자 하면 반드시 죽을 것이다.

이병철(삼성 창업주)

敬聽(경청): 상대의 이야기를 정중히 듣는다.

정주영(현대 창업주)

一勤天下無難事(일근천하무난사): 부지런하면 천하에 두려움이 없다.

박정희

明知報國(명지보국): 가난한 나라를 재건하기 위해 밝은 지혜로 뜻을 펼친다.

김영삼

大道無門(대도무문): 큰 길에는 문이 없다.

김대중

事民如天(사민여천): 국민을 하늘처럼 섬긴다.

노무현

大鵬逆風飛 生魚逆水泳(대붕역풍비 생어역수영): 큰 새는 바람을 거슬러 날고, 살아 있는 물고기는 물살을 거슬러 오른다.

문재인

政者正也(정자정야): 정치는 바른 것이다.

좌우명(座右銘)은 인생의 나침판과 같습니다. 좌우명을 마음속에 새기고 있는 사람은 인생의 목표가 있기 때문에 힘든 일이 닥쳐도 포기하지 않고 헤쳐 나갈 수 있습니다.

우리는 깊어가는 가을밤에 유유히 창공을 날아가는 기러기를 보고 외롭고 쓸쓸한 새라고 생각합니다. 하지만 생각과 달리 기러기는 수만 리 먼 길을 서로가 힘을 합쳐 일사불란하게 날아갑니다. 목표 의식이 뚜렷하기 때문입니다. 선두에 나선 기러기가 다른 새들의 바람을 막아 주며 비행하는 질서 정연한 순서(順序), 함께 소리로 응원하며 조화를 이루면서 날아가는 단결력(團結力), 동료 기러기가 다치면 서로 함께하는 신의(信義), 이러한 기러기 정신이 있기 때문에 그들은 온갖 어려움을 이겨 내며 목적지에 안착(安着)합니다.

삶의 목표가 없으면 바다에 떠있는 선장 없는 배와 같습니다. 좌우명이 없다면 인생을 어떻게 살아갈지 좌우명을 만들어 보면 어떨까요.

제3장

소중한 은혜와 우정

35 결초보은(結草報恩)

字解 맺을 결 結 · 풀 초 草 · 갚을 보 報 · 은혜 은 恩

語義 풀을 묶어 은혜를 갚음.

解義 죽어서도 은혜를 잊지 않고 갚는다.

춘추시대(春秋時代) 진(晉)나라에 위무자(魏武子)라는 사람이 있었습니다. 위무자는 큰 병이 들자 아들 위과(魏顆)를 불러 말했습니다.

"만약, 내가 죽거든 너희 서모(庶母)를 좋은 사람에게 개가(改嫁)시키도록 해라."

위무자의 병은 날이 갈수록 심해져서 정신이 오락가락했습니다. 생각이 바뀐 위무자는 다시 아들 위과를 불렀습니다.

"내가 얼마 살지 못할 것 같구나. 죽거든 외롭지 않게 네 서모와 함께 묻도록 하여라."

이렇게 마지막 말을 남기고 위무자가 죽었습니다. 당시 진(秦)나라에서는 지배층이 죽으면 함께 살던 아내나 첩, 신하, 노비들을 함께 묻는 순장(殉葬)이라는 풍습이 있었습니다. 위과는 서모를 개가(改嫁)시켜야 할지 아버지와 함께 묻어야 할지 고민이었습니다. 곰곰이 생각한 위과는 순장하지 않고 개가시키기로 했습니다.

서모가 눈물을 흘리면서 왜 아버지의 유언에 따르지 않았는지 묻자 위과가 말했습니다.

"사람은 누구나 병세가 위독해지면 마음이 흐트러지는 법입니다. 저는 아버님께서 올바른 정신이 있을 때 하시던 말씀이 진심이라고 생각하여 이에 따르기로 한 것입니다."

그 후 세월이 흘러 진(秦)나라의 환공이 두회(杜回)라는 장수를 앞세워 전쟁을 일으켰습니다. 위과는 왕의 명령을 받고 장군이 되어 전쟁터로 나갔습니다. 그때 멀리 적과의 사이에 있는 초원(草原)에서 한 노인이 엎드린 채 무엇인가를 하고 있었지만 무심코 지나갔습니다.

전쟁이 시작되자 적의 기세가 너무 강하여 위과는 정신없이 쫓기고 있었습니다. 그런데 갑자기 무섭게 쫓아오던 적군의 말들이 풀에 걸려 쓰러지더니 두회가 탄 말마저 넘어졌습니다. 위과는 기회를 놓치지 않고 재빨리 말머리를 돌려 쓰러져 있는 두회를 생포하고 전세를 역전시켰습니다.

그날 밤 위과가 잠을 자고 있는데 한 노인이 꿈에 나타나 말했습니다.

"나는 그대가 개가(改嫁)시켜 준 여자의 아비가 되는 사람이오. 당신이 아버님의 유언을 옳게 판단하여 내 딸이 죽지 않고 행복하게 살고 있소. 진심으로 고마워 풀을 묶어 그 은혜에 보답한 것이오(結草報恩)."

노인은 공손히 절을 한 후 홀연히 사라졌습니다.

그 후 사람들은 '결초보은(結草報恩)'은 '죽어서도 은혜를 잊지 않고 반드시 보답한다.'는 다짐의 말로 쓰이게 되었습니다.

삼국시대 서진(西晉)의 이밀은 효행명문(孝行名文)으로 알려진 『진정표(陳情表)』에서 이 성어(成語)를 인용했습니다. 그는 무제의 부름을 받고 "살아서는 목숨을 바칠 것이오. 죽어서는 결초보은(結草報恩)할 것입니다."라고 글을 썼습니다.

이밀(李密)은 촉한(蜀漢) 사람으로 어려서부터 조모(祖母) 유씨의 손에서 자랐습니다. 촉한이 망하고 진(晋)나라가 들어서자 무제(武帝)는 그의 학문과 인품을 높이 평가하고 조서(調書)를 내려 불렀지만 90세가 넘은 조모(祖母)의 병환 때문에 떠날 수 없었습니다. 재차 조서가 내려지자 지방 관리의 독촉이 심하여 진퇴양난(進退兩難)에 빠진 이밀은 『진정표(陳情表)』를 올려 벼슬을 사양했습니다. 무제는 그의 지극한 효심에 감동하여 노비와 식량을 하사하고, 이 글을 신하들에게 돌려 읽도록 했습니다. 효심이 잘 표현된 문장으로, 후세 사람들에게 귀감이 되고 있습니다.

삶의 지혜를 배우는 고사성어

36 진충보국(盡忠保國)

字解   다할 진 盡 · 충성 충 忠 · 갚을 보 保 · 나라 국 國

語義   충성을 다해 나라의 은혜를 갚음.

解義   충성을 다하여 나라가 베푼 은혜에 보답한다.

송(宋)나라 악비(岳飛)는 지금의 하남성 정강촌에서 태어났습니다. 어렸을 때부터 글 읽기를 좋아하여 많은 책을 읽으면서 병법을 읽히고 검술을 배웠습니다. 그가 선무사(宣撫使)의 소대장이 되어 군에 입대하자 어머니는 나라에 충성을 다해 은혜에 보답하라는 의미로 '진충보국(盡忠保國)'이란 네 글자를 등에 정성껏 새겨 주었습니다.

당시 송나라는 8대 황제인 휘종의 무능으로 국내적으로 매우 혼란한 시기였습니다. 이때 동북방에 있는 여진족은 금(金)나라를 세우고 점차 세력을 확장하고 있었습니다. 송나라는 금나라와 연합하여 과거의 땅을 수복하기 위해 요(遼)나라를 공격하여 멸망시켰습니다. 휘종은 흠종에게 양위하고 남쪽으로 피신했습니다.

이런 와중에 휘종의 아홉 번째 아들 조구(趙構)는 강남으로 피신하여 임안(臨安)에서 남송(南宋)을 세우고 고종으로 즉위했습니다. 이때 악비는 과감한 전술로 금나라를 공격하여 연전연승(連戰連勝)하여 대군벌이 되었습니다. 고종이 군대를 재정비하고 대항하려고 하자 금나라는 다시 남침을 강행했지만 악비의 군대에 의해 공격에 실패했습니다.

그 뒤 올출이 금나라의 정권을 잡자 다시 남침을 강행했습니다. 이때 악비는 전투에 출정하여 크게 승리하고 금나라를 공격할 준비를 하고 있었습니다. 하지만 화해를 주장하던 재상 진회(秦檜)는 북벌론을 주장하던 악비를 제거하기 위해 군제 개편을 명목으로 지휘권을 박탈하고 철수 명령을 내렸습니다.

고종과 진회는 일선에서 돌아온 악비에게 모반죄를 씌워 감옥에 가두었습니다. 진회가 온갖 수단을 동원하여 죄를 자백하도록 강요하자 악비는 등에 새겨진 진충보국(盡忠保國)의 글자를 보여 주며 결백을 주장했습니다. 악비의 죄가 없음이 드러나자 그의 전우이며 남송의 명장인 한세충(韓世忠)이 죄가 무엇이냐고 따져 묻자 진회는 막수유(莫須有)라고 대답했습니다. 확실한 증거는 없지만 그런 일이 있었을지도 모른다는 말이었습니다. 결국 아무런 죄가 없이 나라에 충성만 해 왔던 악비는 진회의 모함을 받아 39세의 젊은 나이에 목숨을 잃고 말았습니다.

그 후 남송 조정에서는 그의 충성심을 알고 악왕묘(岳王廟)라는 사당을 지어 추모하고 '충무(忠武)'라는 시호를 내렸습니다. 악비는 절개를 지키다 죽어 간 송(宋)나라 재상 문천성(文天祥), 촉한(蜀漢)의 책사인 제갈공명(諸葛孔明)과 함께 충절(忠節)의 상징으로 여겨지고 있습니다.

삶의 지혜(智慧)

공자(孔子)가 제자들과 함께 자신의 뜻을 펼치기 위해 여러 나라를 돌아다니고 있었습니다. 어느 날, 제(齊)나라 강가를 지나가는데 어떤 사람이 슬피 울고 있었습니다. 공자가 수레에서 내려 이유를 묻자 그가 말했습니다.

"저는 살면서 세 가지 잘못을 했습니다. 얼마 전에야 깨달았지만 너무 늦어서 아무리 뉘우치고 후회한들 무슨 소용이 있겠습니까? 그래서 너무 슬퍼서 우는 것입니다."

공자가 세 가지 잘못이 무엇이냐고 묻자 그가 대답했습니다.

"첫째는 젊었을 때 천하(天下)를 돌아다니다가 집에 와 보니 부모님이 세상을 떠나서 효도(孝道)를 못 한 것이요. 둘째는 임금이 교만하여 충언(忠言)했지만 듣지 않아 도망쳐 왔으니 신하로서 충절(忠節)을 지키지 못한 것이며. 셋째는 친구와 사이가 두터웠으나 모두 내 곁을 떠났으니 벗의 사귐을 소홀이 한 것입니다."

그리고 다음과 같은 말을 남기고 강물에 몸을 던져 죽었습니다.

樹欲靜而風不止(수욕정이풍부지)
子欲養而親不待(자욕양이친부대)
往而不可追者年也(왕이불가추자년야)
去而不見者親也(거이불견자친야)

나무는 조용히 있고자 하나 바람이 그치지 않고,

자식은 부모를 공양하고자 하나 기다려 주시지 않네.

한 번 흘러가면 쫓아갈 수 없는 것이 세월이요,

떠나가시면 다시는 볼 수 없는 것이 부모님이시네.

그 후 이 모습을 본 열세 명의 제자들은 공자의 허락을 받고 고향으로 돌아가 부모님을 봉양(奉養)했습니다. 부모에게 효도를 다하지 못한 자식의 슬픔을 기리는 말로 부모가 살아계실 때 효도를 다하라는 말입니다.

사람은 누구나 알게 모르게 은혜를 입으며 살아갑니다. 나라에 은혜를 입기도 하고 개인적으로 은혜를 입기도 합니다. 우리 민족은 오래 전부터 충효사상(忠孝思想)을 중요시하며 살아왔습니다. 집안에서는 부모에 대한 효(孝)를 백행(百行)의 근본으로 삼았고, 밖에 나아가서는 국가에 충성한다는 충의 정신이 있었습니다. 이런 정신이 있었기에 수많은 외적의 침입을 물리치며 오늘의 풍요로움을 누리게 되었습니다.

요즘 부모님에 대한 효(孝) 사랑이 예전 같지 못한 것이 사실입니다. "은혜 입은 일은 대리석 위에 새겨 두라."고 했습니다. 나의 존재에 대해 깊이 고민하고 성찰(省察)해 보아야 할 때입니다.

삶의 지혜를 배우는 고사성어

37 동병상련(同病相憐)

字解 같을 동 同 · 병들 병 病 · 서로 상 相 · 불쌍히 여길 련 憐

語義 같은 병을 가진 사람끼리 서로 가엾게 여김.

解義 같은 처지에 놓인 사람끼리 서로 동정하고 도움.

전국시대 초(楚)나라에 오자서(伍子胥)라는 사람이 있었습니다. 그의 집안은 본래 초나라에 충성을 바친 전통 있는 가문이었습니다. 그의 아버지 오사(伍奢)와 형인 오상(伍尙)은 비무기(費無忌)의 모함으로 역적으로 몰려 억울하게 죽임을 당했습니다. 오자서는 언젠가는 복수할 것이라고 다짐하며 오나라로 망명해 왔습니다.

어느 날 오자서는 관상을 잘 보던 대부(大夫) 피리(被離)를 만났습니다. 그는 오자서가 보통 인물이 아님을 알고 공자 광(光)에게 추천해 주었습니다. 오자서는 광이 왕이 되려는 야심이 있음을 알고 자객 전저(專諸)를 소개하여 요(僚)를 죽이고 왕위에 오르도록 했습니다. 그가 바로 춘추오패의 한 사람인 오왕(吳王) 합려(闔閭)입니다. 오자서는 그 공로로 대부(大夫)라는 벼슬을 임명 받았습니다.

그러던 중 초나라에서 대신 백주리(伯州犁) 부자가 역모로 죽임을 당하자 손자인 백비(伯嚭)가 오나라로 망명해 왔습니다. 오자서는 백비의 이야기를 듣고 자기와 똑같이 혈육을 잃었다는 말을 듣고 불쌍한 생각이 들어서 합려에게 추천하여 벼슬을 얻게 했습니다. 오자서는 항상 그를 잘 대접해 주면서 아주 친하게 지냈습니다.

어느 날 합려가 백비를 위해 연회를 베풀었습니다. 오자서 옆에 있던 대부 피리는 백비의 추천이 못마땅하다는 듯이 말했습니다.

"어찌하여 그대는 백비의 인품 됨을 알지도 못하면서 대부로 추천한 것이오? 백비는 좋은 사람이 아닌 것 같습니다. 눈은 매와 같고 걸음걸이가 호랑이와 같아서 언젠가는 사람을 해칠 상입니다. 친하게 지내시는 것을 삼가야 할 것입니다."

오자서가 대답했습니다.

"백비는 나와 같이 초나라에 깊은 원한을 가진 사람이오. 나는 아버지와 형의 원수를 갚아야 하고, 백비는 할아버지의 원수를 갚아야 하오. 나와 같은 처지에 있는 사람이니 좋은 모습으로 보아 주시오. 〈하상가(河上歌)〉에 이런 노래가 있지 않습니까."

同病相憐 同憂相救(동병상련 동우상구)
驚翔之鳥 相隨而飛(경상지조 상수이비)
瀨下之水 因復俱流(뇌하지수 인복구류)

같은 병을 가진 사람은 서로 불쌍히 여기고
같은 근심을 가진 사람은 서로를 도와주네.
놀라서 나는 새는 서로 따르며 날아가고,
여울 따라 흐르는 물은 다시 함께 흐른다네.

오자서는 피리의 충고를 받아들이지 않았습니다. 그리고 항상 백비와 가까이 지내며 그를 태재(太宰)라는 벼슬에까지 오르게 했습니다.

그 후 9년이란 세월이 흐른 뒤 오자서와 백비는 오왕 합려를 도와 초나라를 무찌르고 혈육의 원수를 갚았습니다. 그러나 백비는 피리의 예언대로 적국 월(越)나라의 뇌물에 매수되어 오나라 멸망에 결정적인 원인을 제공했습니다. 오자서는 피리의 예언대로 백비의 모함에 빠져서 분을 못 이겨 자살하고 말았습니다.

'동병상련(同病相憐)'은 오자서가 백비에게 대했던 것처럼 '비슷한 상황에 놓인 사람이 서로 어려움을 나누고 위로하면서 그 상황을 이겨 내는 것'을 뜻합니다. 이 성어는 오자서가 인용한 〈하상가(河上歌)〉에서 유래했습니다.

38 물이유취(物以類聚)

字解 사물 물 物 · 써 이 以 · 무리 유 類 · 모일 취 聚
語義 사물은 종류대로 모인다.
解義 같거나 비슷한 부류끼리 어울린다.

　전국시대 각국 제후(諸侯)들은 서로 많은 영토를 차지하기 위해 치열하게 싸움을 벌였습니다. 인재를 얻느냐 얻지 못하느냐에 따라서 국가의 운명이 결정되기도 했습니다. 제(齊)나라 위왕(威王)이 죽고 왕위에 오른 선왕(宣王)은 인재의 중요성 깨닫고 능력 있는 선비를 중용(重用)하기 시작했습니다.

　어느 날 선왕이 순우곤(淳于髡)에게 현자(賢者)들을 추천해 달라고 요청하자 하루 만에 일곱 명의 선비를 추천했습니다. 깜짝 놀란 선왕이 말했습니다.

　"인재를 찾는다는 것은 쉬운 일이 아니오. 천리를 돌아다녀도 한 사람의 현인(賢人)을 구하기가 어렵다고 하였소. 그런데 하루아침에 일곱 명이나 추천한다면 세상에 현자가 너무 많은 것이 아니오?"

　순우곤(淳于髡)이 대답했습니다.

　"그렇지 않습니다. 날짐승은 서로 같은 깃을 가진 무리끼리 모여서 날고, 길 위의 짐승들은 같은 다리를 가진 무리끼리 함께 달립니다. 다시

　　　　　　　　　삶의 지혜를 배우는 고사성어

말하면 자호(紫胡)나 길경(桔梗)과 같은 약재를 구하려고 연못으로 간다면 평생 동안 한 뿌리도 캐지 못합니다. 왜냐하면 그것들이 산속에서 자라기 때문입니다. 그러나 역서산(嶧黍山)이나 양보산(梁父山)과 같이 큰 산에 가서 구하면 수레로 끌고 오지 못할 정도로 캘 수 있습니다. 무릇 세상 사물은 끼리끼리 모여 사는 법인데 저와 같은 사람은 현자의 무리라고 할 수 있습니다. 저에게 인재를 구하는 것은 마치 강에서 물을 긷고 부싯돌로 불을 켜는 것처럼 간단한 일입니다. 저는 앞으로 대왕에게 추천할 인재가 많은데 어찌하여 일곱 명의 현자들이 많다고 하십니까?"

물이유취(物以類聚)는 순우곤의 이야기에서 나온 성어로 사물에는 비슷한 부류가 있다는 말에서 유래했습니다. 같은 부류의 사람들끼리 서로 왕래하며 어울린다는 뜻입니다. 오늘날에는 좋지 않은 사람들이 한 부류로 모이는 것을 비유하는 부정적인 의미로 사용되고 있습니다.

삶의 지혜(智慧)

공자(孔子)가 여러 나라를 돌아다니던 중 잠시 쉬는 사이에 그가 타고 다니던 말이 밭으로 들어가 많은 농작물을 망쳤습니다. 이 모습을 본 농부는 화가 나서 아무 말도 하지 않고 말을 끌고 자기 집으로 가 버렸습니다. 공자가 제자들에게 누가 말을 되찾아 올지 물었습니다. 평소에 말솜씨가 좋은 제자 자공(子貢)이 자신이 찾아오겠다고 나섰습니다. 그러자 마부(馬夫)가 말했습니다.

"이 일은 제가 말을 잘 지키지 못해서 생긴 일이기 때문에 제가 찾아오겠습니다."

"그래도 자공이 가는 것이 좋을 것 같구나."

공자의 말에 자공이 농부를 찾아갔습니다. 그런데 자공이 아무리 유창한 말솜씨로 입이 닳도록 빌고 설득해도 농부는 말을 돌려 줄 생각을 하지 않았습니다. 그렇다고 농부의 손에 잡혀 있는 말고삐를 강제로 뺏을 수도 없어서 자공은 그냥 돌아왔습니다.

공자는 이번에는 마부에게 말을 찾아오도록 했습니다. 마부가 웃으며 농부에게 다가가서 말했습니다.

"당신이나 나나 다 같은 농부가 아니오? 내가 잠깐 조는 사이에 말이 밭으로 들어갔으니 이해하여 주시오."

마부의 말을 듣고 농부는 허허! 하고 웃더니 두말없이 말을 되돌려 주었습니다.

공자가 먼저 자공을 보낸 것은 아무리 유능한 자공이라고 해도 자신의 능력에 한계가 있음을 알게 해 주고, 상대에 따라 역할이 다르다는 것을 가르치기 위해서였습니다.

동병상련(同病相憐)의 마음으로 모두가 함께하면 더 큰 용기가 생기고, 더 아름다운 세상을 만들 수 있습니다. 합창의 노래 소리가 아름다운 것은 모두가 함께하는 어울림이 있기 때문입니다. 소프라노, 알토, 테너, 베이스 등 모두 소리가 다르지만 함께 조화를 이루면서 아름다운 노래 소리를 만들어 냅니다.

누군가와 함께한다는 것은 참으로 아름답고 의미 있는 일입니다. 뜻 깊은 인생의 삶은, 함께하는 '어울림'에 있습니다.

39 백아절현(伯牙絶絃)

字解 맏 백 伯 · 어금니 아 牙 · 끊을 절 絶 · 줄 현 絃
語義 백아가 거문고 줄을 끊다.
解義 자기를 진정으로 알아주는 참다운 벗의 죽음을 슬퍼함.

춘추시대(春秋時代) 초(楚)나라에 거문고를 잘 연주하는 백아(伯牙)라는 사람이 있었습니다. 그의 스승 성연자(成連子)는 그에게 진정한 음악을 알려 주기 위해 태산(太山)과 바다를 데리고 다니며 자연과 음악에 대한 조화로움을 이해하도록 했습니다. 이러한 스승 덕분으로 그는 대자연과 사람의 음성이 어우러지는 음악을 터득하게 되었습니다.

그의 명성(名聲)이 세상에 알려지자 진(晉)나라에서는 대부(大夫)의 벼슬을 주어 음악을 마음껏 펼치며 생활하도록 했습니다. 백아는 곡을 타면서 여러 사람 앞에서 연주도 하고 마음을 위로해 보기도 했지만 자신의 음악을 이해하여 주는 사람이 아무도 없었습니다. 그래서 20년 동안 진나라 생활을 접고 고국으로 돌아왔습니다.

그는 먼저 자신의 음악과 마음을 이해하여 주었던 스승을 찾아갔습니다. 그러나 거문고만 남기고 이미 세상을 떠난 뒤였습니다. 하늘에는 보름달이 휘영청 빛나고 여기저기에서 낙엽 떨어지는 모습을 보자 백아는 마음이 더욱 아팠습니다. 그래서 그는 뱃전에 걸터앉아 탄식어린 거

삶의 지혜를 배우는 고사성어

문고 한 곡을 타기 시작했습니다. 그런데 참으로 이상하게 어디선가 바람결에 백아의 거문고 소리에 맞추어 탄식하는 소리가 들려왔습니다.

'이 깊은 가을밤에 누가 나의 거문고 소리를 이해해 주었단 말인가?'

그때 백아 앞에 나타난 사람은 가난한 나무꾼 종자기(鍾子期)라는 사람이었습니다. 그는 오랜 세월 동안 산천(山川)을 돌아다니며 자연의 음성과 교감하는 음악의 참된 경지를 알아듣는 사람이었습니다. 백아는 수십 년 만에 자기의 음악을 알아들을 줄 아는 사람을 만난지라 거문고 줄을 가다듬고 높은 산들을 표현하는 곡을 연주했습니다. 종자기가 말했습니다.

"참으로 장엄하기 그지없다. 하늘 높이 솟는 느낌은 마치 태산처럼 웅장하구나!"

또 백아가 도도히 흐르는 강물을 생각하며 거문고를 타자 다음과 같이 감탄했습니다.

"참으로 멋지구나! 유유히 흐르는 강물이 마치 황하(黃河)를 지나가고 있는 것 같구나!"

이와 같이 마음속에 생각한 음악을 거문고에 실으면 종자기는 백아의 마음을 정확히 이해하였습니다. 백아는 이처럼 자신의 음악을 제대로 이해하여 주는 데 놀라지 않을 수가 없었습니다. 두 사람은 더 이상 주고받을 말이 필요 없이 서로를 느끼고 이해하게 되었습니다.

그러던 어느 날 두 사람이 태산에 놀러갔다가 갑자기 비가 내려 동굴로 들어가 비를 피하고 있었습니다. 백아는 빗소리에 맞추어 거문고를 타기 시작했습니다. 옆에 있던 종자기는 백아의 마음을 정확하게 말하여 칭찬을 아끼지 않았습니다. 두 사람은 더 이상 서로 주고받는 말이 필요가 없었습니다. 감정뿐만 아니라 영혼까지도 서로를 느끼고 교감할 수 있음에 감격했습니다. 감동한 백아가 자신의 심정을 말했습니다.

"자네가 나의 뜻을 이리 깊이 알아주니 정말 내 마음과 같네. 내 음악을 이해해 주는 이가 자네 말고 이 세상 어디에 있겠는가?"

백아와 종자기는 서로 의형제(義兄弟)를 맺고 다음 해에 만날 것을 약속하고 헤어졌습니다. 이듬해 백아는 종자기를 찾아갔으나 병으로 세상을 떠나 다시는 만날 수가 없었습니다. 백아는 종자기의 죽음을 슬퍼하며 그의 무덤 앞에서 마지막으로 한 곡을 탄 뒤 거문고의 줄을 모두 끊어 버렸습니다(伯牙絶絃). 그리고는 다시는 거문고를 타지 않았습니다. 더 이상 세상에서 자신의 거문고 연주를 들려 줄 사람이 없다고 생각했기 때문이었습니다.

'백아절현(伯牙絶絃)'은 '깊은 속마음까지 서로를 알아주고 위하는 진정한 벗의 죽음을 슬퍼하는 것'을 비유하는 말입니다. 여기에서 '서로 마음을 알아주는 막역한 친구'를 뜻하는 '지음(知音)'이라는 말도 이 성어에서 유래했습니다.

40 교칠지교(膠漆之交)

字解 아교 교 膠 · 옷 칠 漆 · 갈 지 之 · 사귈 교 交
語義 아교와 옻의 사귐.
解義 서로 떨어질 수 없을 정도로 매우 친밀한 사귐.

당나라 때 백낙천(白樂天)과 원진(元嗔, 微之)은 과거 공부를 할 때부터 아주 친한 사이였습니다. 두 사람은 헌종 원년 천자(天子)가 치르는 과거시험에 똑같이 급제하여 관직에 오르게 되었습니다. 이리하여 그들은 관료가 가야 할 길을 확립하고 도탄에 빠진 백성들을 구제하려는 큰 꿈을 품고 있었습니다. 먼저 시문학(詩文學)에 혁신의 뜻을 같이 하여 신악부(新樂府)를 창작하는 데 온 힘을 기울였습니다. 신악부란 한대(漢代)의 민요를 바탕으로 만들어진 가요 형식에 백성들의 기쁨과 노여움을 노래하고 정치의 폐단을 풍자하는 새로운 시체(詩體)를 말합니다. 그러나 세상은 그들의 뜻대로 움직여 주지 않았습니다. 이 때문에 백낙천은 강주사마(江州司馬), 원진은 통주사마(通州司馬)로 좌천되었습니다. 이때 백낙천은 여산 향로봉 기슭에 암자를 지었는데 그곳에서 원진에게 편지를 보냈습니다. 이 편지가 바로 두 사람의 두터운 우정을 보여 주는 명문(名文) '여미지서(與微之書)'입니다.

"미지여, 미지여, 그대의 얼굴을 보지 못한 지도 이미 3년이 지났네. 그대의 편지를 받아 보지 못한 지도 2년이 되어 가네. 인생은 길지도 않은데 이토록 멀리 떨어져 있어야 한단 말인가. 하물며 아교와 옻칠 같은 마음으로 북쪽의 호 땅과 남쪽의 월 땅에 몸을 둔단 말인가. 나아가도 서로 만나지 못하고 물러서도 서로 잊을 수 없네. 서로 그리워하면서도 떨어져 있어 머리만 백발이 되어 가네. 미지여, 미지여, 어찌하면 좋은가. 실로 하늘이 하는 일이니 어찌하면 좋단 말인가?"

이와 같이 아교와 옻칠처럼 서로 떨어질 수 없는 깊은 마음을 교칠지심(膠漆之心)라고 하고, 떨어질 수 없는 깊은 우정을 가리켜서 교칠지교(膠漆之交)라고 합니다.

삶의 지혜(智慧)

우리나라 국보 제180호로 지정된 〈세한도(歲寒圖)〉는 조선 후기 추사(秋史) 김정희(金正喜)가 그린 그림입니다. 추운 겨울 풍경에 조그마한 창문 하나 달린 외로운 집 한 채와 고목나무 네 그루가 서 있는 그림에 〈세한도〉라는 화제(畫題)가 적혀 있습니다. 이 그림에는 뜻깊은 사연이 있습니다.

김정희는 청나라 동지부사((同知府事)인 아버지를 따라 수도 연경(燕京)을 다니며 많은 학자들과 교류하여 그림, 역사, 서예 등 여러 분야에서 대가(大家)로 성장했습니다. 그러나 1840년 윤상도(尹尙度) 옥사 사건에 연루되어 지위를 박탈당하고 제주도에서 유배 생활을 하고 있었습니다. 아내와 사별하고 친구들의 소식이 모두 끊어지자 그는 오직 책을 벗 삼아 지냈습니다. 이때 역관(譯官)인 제자 이상적(李尙迪)이 중국에 사신으로 갈 때 구하기 어려운 책을 구해 보내 주곤 하였습니다. 김정희는 권세를 따르는 무리와 달리 사제(師弟) 간의 의리를 잊지 않고 책을 보내 준 이상적에게 고마움을 표하고자 했습니다. 그때 한 해가 추워진 뒤에야 소나무와 잣나무가 시들지 않음을 안다는 "歲寒然後知松柏之後凋也(세한연후지 송백지후조야)."라는 『논어(論語)』의 글귀가 떠올랐습니다. 그래서 1844년 이상적의 인품(人品)을 소나무와 잣나무에 비유하여 자신의 마음을 전한 그림이 〈세한도〉입니다.

후세 사람들은 이 작품을 기교를 배제한 선비의 내면세계를 표현한 문인화(文人畵)의 특성을 가장 잘 간직한 작품이라고 평가했습니다.

"역경(逆境)은 친구를 시험한다."는 말이 있습니다. 진정한 친구는 내가 힘들고 어려울 때 격려와 지지를 보내 주는 사람입니다. 하지만 요즈음 자신의 이해득실을 저울질하며 인간관계를 맺는 사람들이 많습니다. 내가 평소 걱정 없이 살아갈 때는 모든 것을 내어 줄 것처럼 말하고 행동하지만, 막상 어려움에 닥치면 궁지에 몰아넣기도 합니다. 그래서 공자는 "사람의 마음은 험하기가 산천(山川)보다 더하고, 알기는 하늘보다 더 어렵다."고 했습니다. 하늘은 사계절과 아침, 저녁의 구별이 있지만, 사람은 꾸미는 얼굴과 깊은 감정이 있기 때문이라는 것입니다.

지금 나와 만나는 친구는 어떤 사람이며, 나는 친구에게 어떻게 보일지 진지하게 생각해 보아야 하겠습니다.

41 죽마고우(竹馬故友)

字解 대나무 죽 竹 · 말 마 馬 · 옛 고 故 · 벗 우 友
語義 대나무로 만든 말을 타고 놀던 벗.
解義 어릴 때부터 함께 놀며 자란 친한 친구.

중국 진(晉)나라 12대 황제인 간문제(簡文帝) 때 환온(桓溫)과 은호(殷浩)라는 사람이 있었습니다. 그들은 어렸을 때부터 한 동네에서 자라면서 대나무로 말을 만들어 타고 놀던 사이좋은 친구였습니다. 환온은 일찍이 세상에 나가 벼슬을 하여 이름을 알렸지만, 은호는 숲속에 은거하며 학문에 전념하며 살았습니다.

어느 해 환온이 촉(蜀)나라를 평정하고 돌아온 후 정치적 실권을 장악하여 황제도 함부로 대할 수 없을 정도로 세력이 커졌습니다. 불안한 생각이 들은 간문제는 환온을 견제하기 위해서 학문과 덕이 높은 은호에게 출사(出仕)를 부탁했습니다. 황제의 청을 거절하지 못한 은호는 어쩔 수 없이 세상에 나아갔습니다. 간문제는 은호를 건무장군(建武將軍) 양주자사(楊州刺史)로 임용하고 그를 우대했습니다.

그 후부터 두 사람은 정적(政敵)이 되어 날로 사이가 나빠졌습니다. 그러던 중 오호십육국(五湖十六國) 중 하나인 후조(後趙)에서 내분이 일어났습니다. 간문제는 중원 땅을 회복하기 위한 좋은 기회라고 생각하고 은호를 중원장군(中原將軍)으로 임명하여 싸우도록 했습니다. 간문제의 명령을 받은 은호는 즉시 군대를 이끌고 전쟁에 나섰습니다. 그러나 기대와는 달리 연전연패(連戰連敗)하며 제대로 싸워 보지도 못한 채 돌아왔습니다. 환온은 기다렸다는 듯이 이를 구실 삼아 은호를 규탄하는 상소를 간문제에게 올렸습니다. 간문제는 환온의 말을 무시할 수 없어서 더 이상 은호를 감싸 줄 수 없었습니다. 그래서 은호를 평민 신분으로 낮추고 멀리 변방으로 귀양을 보냈습니다. 환온은 사람들에게 이렇게 말했습니다.

"은호는 내가 어렸을 때 함께 자라면서 죽마를 타고 놀던 친구였다오(竹馬故友). 내가 죽마를 타고 놀다가 버리면 그는 언제나 죽마를 주워서 타곤 하였지요. 그러니 그가 내 앞에서 고개를 숙이는 건 당연한 일이 아니겠소."

환온은 끝내 은호를 불러들이지 않아 그는 유배지에서 자신의 삶을 마쳤습니다.

위 성어(成語)에서 환온과 은호에 대한 '죽마고우(竹馬故友)'는 어릴 적 친구에 불과한 말로 현재 사용하는 우정의 뜻과 전혀 의미가 다릅니다. 오늘날에는 '어릴 적부터 사이좋게 지내던 진정한 친구'를 뜻합니다.

42 문경지교(刎頸之交)

字解 목 벨 문 刎 · 목 경 頸 · 갈 지 之 · 사귈 교 交

語義 목을 베어 줄 수 있는 사귐.

解義 죽음을 대신할 수 있을 만큼 절친한 사이.

전국시대(戰國時代) 진(秦)왕이 조(趙)나라 혜문왕(惠文王)에게 회동을 요청했습니다. 조왕(趙王)은 거절하려고 했으나 염파 장군(廉頗 將軍)과 인상여(藺相如)의 권고로 응하게 되었습니다. 진왕(秦王)은 술자리가 무르익자 조왕에게 거문고 한 곡을 연주해 달라고 청했습니다. 조왕이 마지못해 한 곡을 연주하자 진왕은 "몇 년, 몇 월, 며칠 진왕이 조왕으로 하여금 거문고를 타게 했다."고 기록하게 했습니다. 조왕에게 모욕을 주려는 행동이었습니다. 그때 인상여가 앞으로 나아가 말했습니다.

"서로 주고받는 것은 나라 간의 예의입니다. 진왕께서 우리 임금을 위해 진나라 음악을 한 번 들려주시기를 청합니다."

인상여가 진나라 악기인 분부(盆瓿)를 내밀자 진왕이 화를 내며 연주하려 하지 않았습니다. 진왕이 악기를 치지 않고 망설이자 인상여가 눈을 부릅뜨고 말했습니다.

"대왕과 저의 거리는 몇 걸음 되지 않습니다. 제 목의 피로서 대왕의 옷을 적실 수도 있습니다. 어서 치십시오."

이에 진왕은 어쩔 수 없이 분부를 한두 차례 두들겼습니다.

인상여도 "몇 년, 몇 월, 며칠 진왕이 조왕을 위해 분부를 쳤다."고 기록하게 했습니다.

회담에서 돌아온 조왕은 자신의 수치를 면하게 해 준 인상여에게 종일품 상경(上卿)에 임명했습니다. 그래서 명장인 염파(廉頗) 장군의 직위보다 높게 되었습니다. 그러자 염파는 분개하며 말했습니다.

"나는 조나라 장수로서 전쟁터를 누비며 적의 성(城)을 쳐서 빼앗고 들판에서 적을 무찔러 큰 공을 세운 것이 한두 번이 아니다. 그러나 인상여는 겨우 말 몇 마디로 나보다 위가 되었다. 이는 용납할 수 없는 일이니 반드시 모욕(侮辱)을 보여 주고 말 것이다."

이 말을 들은 인상여는 염파를 피해 다녔습니다. 이 모습을 보고, 그의 의기(義氣)를 흠모하던 가신(家臣)들이 비위에 거슬려서 그의 곁을 떠나려고 하자 인상여가 말했습니다.

"나는 진왕도 두려워하지 않고 질책하였다. 내가 아무리 바보라고 해도 염파 장군을 두려워하겠는가. 지금 강국인 진나라가 우리를 공격해 오지 않는 것은 나와 염파 장군이 있기 때문이다. 두 호랑이가 싸우면 한쪽은 반드시 쓰러지는 법이다. 내가 염파 장군을 피하는 것은 개인의 원한이 아니라 나라의 위급함을 먼저 생각하기 때문이다."

이 이야기를 전해들은 염파는 자신이 크게 부끄러웠습니다. 염파는 웃옷을 벗고 가시나무 회초리를 짊어지고 인상여를 찾아가 무릎을 꿇었습니다.

"제가 미혹해서 대감의 높은 뜻을 헤아리지 못했습니다. 큰 벌을 내

삶의 지혜를 배우는 고사성어

려 주십시오."

두 사람은 마침내 화해를 하고 죽음을 대신할 수 있을 만큼 절친한 사이가 되었습니다(刎頸之交).

문경지교는 생사(生死)를 같이할 수 있는 진정한 친구를 말합니다. 오늘날 사회생활을 하면서 '문경지교'와 같은 친구를 만나기는 참으로 어려운 일입니다. 그러나 이러한 관계를 가질 때, 서로의 성공을 위해 더 큰 힘을 얻을 수 있고, 삶의 어려움을 함께 극복해 나갈 수 있습니다. 인생을 살아가면서 진정한 친구의 가치를 다시 한번 생각해 볼 수 있는 성어입니다.

삶의 지혜(智慧)

『초토(焦土)의 시』로 유명한 시인 구상(具常)은 1950년대를 대표하는 한국의 문학가입니다. 함경남도 문천에서 태어난 그는 문학 활동을 하다가 작품이 문제가 되어 혹독한 시련을 겪은 뒤 표현의 자유가 없는 북한을 떠나 남한으로 넘어왔습니다. 그리고 문단 활동을 하며 많은 글을 발표하여 기반을 굳힌 뒤, 1956년 6·25 전쟁 경험을 바탕으로 한 대표 시집 『초토(焦土)의 시』를 펴냈습니다.

그는 한국 근대 서양화의 거목(巨木)으로 불리는 이중섭(李仲燮)과는 어렸을 때부터 아주 친한 친구였습니다. 어느 날 구상이 몸이 몹시 아파 병원에 입원했는데 절친한 친구 이중섭이 몹시 보고 싶었습니다. 많은 친구와 지인들이 오고 갔지만 유독 이중섭만 오지 않았습니다. 하루하루를 애타게 기다리던 구상은 친구가 무슨 사고라도 생긴 것이 아닌지 내심 걱정이 되었습니다. 뒤늦게 친구가 나타나자 구상은 반가운 마음을 감추고 화가 난 척 말했습니다.

"친구, 그 누구보다도 자네가 제일 먼저 달려올 줄 알았는데 어찌하여 이제야 온 것인가. 내가 자네를 얼마나 기다렸는지 아는가?"

"정말 미안하네. 빈손으로 올 수 없어서 천도복숭아를 그리다가 이렇게 늦었네. 천도복숭아를 먹으면 무병장수(無病長壽)한다고 하지 않던가. 그러니 자네도 이걸 먹고 어서 일어나게."

그림 그릴 종이조차 마음대로 살 수 없을 만큼 어려운 형편에 놓여 있는 친구가 과일 하나 살 돈이 없어서 그림으로 그려 온 것입니다. 이 것을 보고 구상은 갑자기 마음이 북받쳐 한동안 말을 잊었습니다. 구상 은 천도복숭아 그림을 서재(書齋)에 걸어 놓고 평생을 같이했습니다.

죽마고우(竹馬故友)를 생각하면 옛 친구가 그립고 만나 보고 싶어집 니다. 지금도 고향을 묵묵히 지키는 어릴 적 친구도 있지만, 많은 친구 들은 고향을 떠나 소식도 없습니다. 동산에서 어울려 놀고, 냇가에서 물 장난 치던 시절, 지금은 보기 어려운 풍경이기에 고향 친구가 더욱 그 리워지는 것 같습니다. "유붕자원방래 불역낙호(有朋自遠方來 不亦樂 乎)!" 벗이 있어 먼 곳에서 찾아오니 또한 즐겁지 아니한가! 공자의 인 생삼락(人生三樂)이 새삼 마음에 와닿습니다.

여러분은 지금 어릴 적 같이 놀았던 죽마고우와 소통하며 지내고 있 는지요? 연락이 없다면 그리운 고향 친구를 생각하며 소식을 전해 보면 어떨까요.

제4장

생활 속에서 얻은 깨달음

43 각주구검(刻舟求劍)

字解 새길 각 刻 · 배 주 舟 · 구할 구 求 · 칼 검 劍

語義 배에 새겨 놓고 칼을 찾는다.

解義 융통성이 없이 낡은 생각만 고집하는 어리석음.

춘추전국시대 초(楚)나라에 사는 한 젊은이가 양자강(揚子江)을 건너기 위해 배를 탔습니다. 그는 배의 가장 자리에 앉더니 칼이 무척이나 소중한 듯 몸에 꼭 품고 있었습니다. 배가 출발하자 그는 자랑이라도 하고 싶은지 칼을 꺼내어 만지고 또 만져 보았습니다.

"젊은이, 그 칼은 매우 소중한 물건인가 보오."

한 노인이 관심을 보이자 그는 기다렸다는 듯이 칼에 대한 자랑을 늘어놓기 시작했습니다.

"예, 우리 집안 대대로 내려오는 가보(家寶)로 아주 귀중한 물건입니다."

그런데 강 중간쯤 지날 때 갑자기 큰 물결이 일더니 배가 넘어질 듯 흔들렸습니다. 그 바람에 젊은이는 중심을 잃고 넘어지면서 칼이 강물 속에 빠져 버리고 말았습니다.

그때 젊은이는 무슨 생각을 했는지 갑자기 주머니 속에서 작은 칼을 꺼내더니 칼을 빠뜨린 곳에 표시를 했습니다(刻舟求劍). 그의 행동을 보고 곁에 있던 사람들이 이상하여 물었습니다.

"여보시오, 지금 무엇을 하고 있는 것이오?"

"칼이 떨어진 자리에 표시를 하는 것입니다. 그래야 칼을 찾을 것 아니요."

표시를 다 하고 난 그는 안심이 된 듯 안도의 숨을 내쉬었습니다.

얼마 후 배는 반대편 강기슭에 닿았습니다. 그는 정신없이 뱃전에 표시해 놓은 곳에 올라서더니 물속으로 뛰어들었습니다. 그러나 아무리 찾아봐도 칼은 보이지 않았습니다.

'이상하네? 분명히 표시를 해 둔 곳에 칼이 떨어졌는데……'

젊은이가 한참 동안 물속을 헤매고 물 밖으로 나오자 배를 타고 온 사람들이 물었습니다.

"여보시오. 지금 무엇을 찾고 온 것이오?"

"칼자국을 표시한 곳 아래에 들어가 칼을 찾았습니다. 그런데 이상하게도 아무리 찾아도 보이지 않으니 어떻게 된 일인지 모르겠습니다."

그 모습을 지켜보던 사람들은 어이없는 그의 행동을 보고 말했습니다.

"당신 칼은 처음에 떨어진 그곳에 가라앉아 있을 것이오. 그런데 엉뚱한 곳에서 칼을 찾고 있으니 무슨 황당한 일이오?"

옆에서 이 모습을 지켜보고 있던 노인이 젊은이의 행동을 보고 한심하다는 듯이 말했습니다.

"배가 움직이는 것을 생각 못 하고 칼을 찾으려 하다니 정말 어리석고 미련한 사람이군!"

이때부터 사람들은 '시대의 변화에 올바르게 대처하지 못하고 낡은 생각만 고집하는 융통성이 없는 사람', '고지식하고 완고하여 세상 물정에 어두운 사람'을 '각주구검(刻舟求劍)'이라고 했습니다.

이 성어(成語)는 물에 빠진 칼을 법에 비유하여 세상이 변화 했는데 옛 법만을 고집하는 것은 어리석다고 하며 초나라를 비판한 데서 나왔습니다. 칼은 제도를 상징하며, 배는 시대의 흐름을 말하고 있습니다. 낡은 법으로 나라를 다스리면 나라가 어렵게 되므로 시대에 맞추어 법이 바뀌어야 한다는 말입니다.

삶의 지혜를 배우는 고사성어

44 백년하청(百年河淸)

字解 일백 백 百 · 해 년 年 · 물 하 河 · 맑을 청 淸

語義 백 년을 기다려도 황하의 물은 맑아지지 않는다.

解義 아무리 기다려도 바라는 것이 이루어질 수 없다.

황하강(黃河江)은 청해성(青海省)에서 시작하여 중국 내륙을 거쳐 발해만(渤海灣)으로 흐르는 5천 5백여 킬로미터에 이르는 긴 강입니다. 황토를 대량으로 운반하여 물이 누렇게 흐리기 때문에 황하(黃河)라고 불리우고 있습니다. 아주 오랜 옛날, 주(周)나라 때부터 흐르던 황토고원(黃土高原)의 엄청난 양의 토사가 섞인 강물은 지금도 거둘 줄을 모릅니다. 하물며 길어야 백년을 사는 인간이 황하의 맑은 물을 볼 수 있다는 것은 불가능한 일입니다. 그래서 옛사람들은 "황하의 물이 맑아진다는 것은 말도 안 되는 일."이라고 했습니다.

춘추전국시대에 힘이 약한 정(鄭)나라가 있었습니다. 정나라는 북으로는 진(晉)나라, 남으로는 초(楚)나라와 같은 대국이 있어 나름대로 생존 전략을 펼치며 살아왔습니다. 그러던 중 정나라가 초나라 속국인 채(蔡)나라를 침략하여 공자를 포로로 잡아갔습니다. 이에 초나라는 자신의 나라에 도전하는 것으로 간주하여 정나라를 공격했습니다.

정나라는 위기에 처한 나라를 구하기 위해 회의를 거듭했습니다. 항복하여 백성을 구하자는 의견과, 진나라에 구원병을 요청하여 나라를 구하자는 의견이 팽팽하게 대립했습니다. 이때 대부 자사(子駟)가 말했습니다.

"주(周)나라 시에 '황하의 물이 맑아지기를 기다리는 것은 짧은 사람의 목숨으로는 부족하다(百年河淸). 점을 쳐서 듣는 것이 많으면 그물에 얽힌 듯 어수선해져서 꼼짝달싹할 수 없게 된다.'고 했습니다. 계책이 많으면 많을수록 목적을 달성하는 데 도움이 되지 못합니다. 그러니 먼저 초(楚)나라와 화친(和親)을 해서 나라를 구하고 그 다음에 진(晉)나라를 따르는 것이 좋을 듯싶습니다."

가능성이 없는 진나라의 구원병을 기다리는 것은 황하의 물이 맑아지기를 기다리는 것과 같으니 강화를 하자는 것이었습니다. 결국 정나라는 자사의 뜻에 따라 초나라와 화친을 맺고 나라를 위기에서 구했습니다.

백년하청(百年河淸)은 우리에게 어떤 문제가 닥쳤을 때 막연한 기다림으로 해결할 수 없으므로 융통성 있게 행동하여 목표를 이루어야 한다는 것을 일깨워 주고 있습니다. 자신이 처한 환경에 대해 현명하고 유연하게 대처해야 좋은 결과를 얻을 수 있다는 말입니다.

삶의 지혜를 배우는 고사성어

삶의 지혜(智慧)

우리가 살아가는 세상은 너무 빠르게 달라지고 있습니다. 시간이 흘러가면 주위의 환경도 바뀌고 살아가는 방법도 바뀌어야 합니다. 공자가 말했습니다.

"단단한 돌이나 쇠는 높은 곳에서 떨어지면 깨지기 쉽다. 그러나 물은 아무리 높은 곳에서 떨어져도 깨지는 법이 없다. 물은 모든 것에 대해 부드럽고 연하기 때문이다. 골짜기에 흐르는 물을 보라, 그의 앞에 있는 모든 장애물에 대해 스스로 굽히고 적응함으로써 줄기차게 흘러 드디어 큰 바다에 이른다. 적응하는 힘이 자제로 와야 사람도 부닥친 운명에 굳센 것이다."

성인(聖人)들이 물을 닮으라고 강조한 이유는 세상을 살아가는 데 물과 같이 적응하는 지혜로움이 필요하기 때문입니다. 그러나 사람은 누구나 오랫동안 마음속에 굳어져 있는 생각 때문에 물과 같이 적응하기란 쉬운 일이 아닙니다. 새로운 나로 변화시키기 위해서는 먼저 마음속에 자리 잡고 있는 고정관념(固定觀念)을 버려야 합니다. 생각의 틀을 깨고, 편견(偏見)을 버려야 하며, 남과 달리 새롭게 생각해 보아야 합니다.

삶의 순풍(順風)과 역풍(逆風)은 내가 어떻게 생각하고 행동하느냐에 따라서 인생의 운명(運命)이 달라집니다. 바람을 바라보는 방향을 보면 역풍(逆風)이지만 바람을 등지면 순풍(順風)이 됩니다.

45 망양지탄(望洋之歎)

字解　바라볼 망 望 · 큰 바다 양 洋 · 어조사 지 之 · 탄식할 탄 歎

語義　큰 바다를 바라보며 탄식한다.

解義　남의 원대함에 감탄하고, 나의 미흡함을 부끄러워한다.

중국 황하(黃河)강에 하백(河伯)이라는 물의 신이 살고 있었습니다. 그는 항상 자기가 사는 강을 보면서 넓고 풍부함에 스스로 감탄하며 만족하고 있었습니다.

어느 날 홍수로 인하여 모든 개울물이 황하로 흘러들자 싯누렇게 넘실대는 광경은 참으로 장관이었습니다. 하백은 이와 같이 큰 강을 바라보면서 천하의 모든 것이 자기에게 있다고 생각하니 가슴이 너무나 벅찼습니다.

하백이 흐뭇한 마음에 취해 있을 때 거북이 한 마리가 나타나 말했습니다.

"황하보다 더 넓고 큰 바다가 있습니다. 그곳은 어찌 큰지 사방이 물이요 앞과 뒤가 어딘지 알 수조차 없는 곳입니다. 북해(北海)라는 곳인데 세상의 모든 강물이 모이는 곳입니다."

하백은 거북의 말을 믿을 수가 없었습니다. 그래서 자신의 눈으로 직접 보기 위해서 북해로 떠났습니다. 북해에 도착한 하백은 깜짝 놀랐습니다. 거북의 말대로 황하와 비교가 되지 않을 정도로 사방이 물로 뒤덮여 끝이 보이지 않았습니다. 바다를 정신없이 바라보고 있을 때 북해를 다스리는 신(神), 약(若)이 다가와 그를 반갑게 맞아 주었습니다. 약의 안내로 주위를 둘러보며 하백은 끝이 없이 펼쳐진 넓은 바다를 보고 감탄하며 말했습니다(望洋之歎).

"저는 지금까지 황하가 이 세상에서 가장 넓고 큰 줄로 만 알고 살아왔습니다. 오늘 이렇게 넓고 큰 북해를 보니 내 황하는 참으로 작고 보잘것없다는 것을 알았습니다. 여기에 와 보지 못했다면 지금까지 제 생각이 얼마나 짧았는지 깨닫지 못했을 것입니다."

그러자 약이 말했습니다.

"우물 안 개구리에게는 바다를 설명할 수 없고, 여름에만 살다가는 벌레에게 겨울을 설명할 수 없습니다. 개구리는 그가 사는 우물이라는 공간이 세상의 전부라고 생각하고, 벌레는 시절이 여름만을 있다고 생각하고 있기 때문이지요. 마찬가지로 사람들에게 도(道)에 대해 말해도 통하지 않는 것은 그가 받은 교육에 얽매어 있기 때문이오. 지금 그대는 세상에 나와 큰 바다를 보고 당신의 작음을 알게 되었습니다. 이제야 큰 바다를 보고 어리석음을 깨달았으니 큰 이치를 말할 수 있게 된 것이지요."

이 말을 듣고 있던 하백은 넓은 세계를 보지 못한 편협함과 부족함도 모르고 자만심에 빠져 있던 자신의 모습에 부끄러워 어쩔 줄을 몰랐습니다.

'망양지탄(望洋之歎)'은 '어떤 일에 자신의 힘이나 능력이 미치지 못하여 탄식한다.'는 의미로 쓰입니다.

46 다기망양(多岐亡羊)

字解 많을 다 多 · 갈림길 기 岐 · 잃을 망 亡 · 양 양 羊
語義 갈림길이 많아서 양을 잃다.
解義 학문의 길이 많아서 참된 진리를 깨우치기가 어렵다.

전국시대 사상가인 양자(揚子)의 이웃집에서 양을 기르고 있었는데 어느 날 양 한마리가 도망갔습니다. 양을 잃은 주인은 그 집 사람들과 동네 사람들, 그리고 양자의 노복까지 부탁하여 양을 찾으려 나섰습니다. 주인과 동네 사람들이 소란을 떨자 양자가 물었습니다.

"양 한 마리를 찾는데 어찌하여 저렇게 많은 사람들이 뒤쫓아 가는 것이요?"

양 주인은 양이 도망간 쪽에는 갈림길이 너무 많기 때문에 어쩔 수 없다고 했습니다.

얼마 후 사람들이 양을 찾지 못하고 돌아오자 양자가 까닭을 묻자 주인이 대답했습니다.

"갈림길을 가면 또 갈림길이 있고, 그 갈림길을 찾으면 다시 갈림길이 나타나서 양이 어디로 갔는지 도저히 찾을 수가 없었습니다."

주인의 말을 듣고 양자는 우울한 표정으로 하루 종일 아무런 말도 하지 않았습니다. 제자들이 이상하게 생각하여 까닭을 물었습니다.

삶의 지혜를 배우는 고사성어

"스승님, 기껏해야 양 한 마리를 잃었을 뿐입니다. 더군다나 스승님의 양도 아닌 이웃 사람의 양인데 어찌하여 그렇게 어두운 표정을 하고 계십니까?"

그래도 아무런 말이 없자, 며칠 뒤 제자 맹손양(孟孫陽)이 선배인 심도자(心到子)와 함께 찾아와 물었습니다. 양자는 그제야 조용히 말했습니다.

"큰길에는 갈림길이 많기 때문에 양을 잃어버리고(多岐亡羊), 학자는 방법이 많기 때문에 본성을 잃는다. 학문의 근본은 결국 하나지만 이미 여러 갈래로 나뉘어져 근본을 잃고 말았다. 학문이 목표를 잃고 여러 학설에 빠져 헤맨다면 아무리 노력한들 무슨 보람이 있겠느냐?"

오늘날 종교가 교리(敎理)나 의식(儀式) 차이로 여러 갈래의 교파(敎派)나 종파(宗派)로 나뉘어져서 본질이 아닌 형식을 놓고 의견이 다른 현상도 일종의 다기망양(多岐亡羊)이라고 할 수 있습니다.

삶의 지혜(智慧)

다산(茶山) 정약용(丁若鏞)은 조선 후기의 유학자이며 실학(實學)의 대표적인 인물입니다. 그가 어렸을 때 실학의 대가(大家) 이서구가 시골에 내려가는 중에 정약용이 나귀 등에 책을 가득 싣고 북한산 쪽으로 올라가고 있는 것을 보았습니다. 열흘 뒤, 일을 마치고 서울로 올라오는 중 책을 싣고 오는 정약용을 다시 만났습니다. 이서구가 궁금해서 물었습니다.

"전에 내가 너를 본 것 같구나. 너는 왜 읽지도 않는 책을 이렇게 싣고만 다니는 것이냐?"

"저는 이 책을 다 읽고 돌려주려고 가는 중입니다."

이서구가 깜짝 놀라 나귀 등에 실린 책을 보았는데, 유교경전(儒敎經典), 통감강목(通鑑綱目), 제자백가(諸子百家) 등 모두가 어른도 이해하기가 어려운 책들이었습니다. 그중 한 권을 뽑아서 내용을 묻자 정약용은 거침없이 대답했습니다. 이서구는 감탄하며 정약용의 머리를 쓰다듬어 주며 말했습니다.

"앞으로 큰 나무가 될 묘목이구나! 열심히 공부해서 이 나라의 큰 일꾼이 되어 다오!"

그 후 정약용은 과거에 급제하여 출중한 학식과 재능을 바탕으로 실학의 학문 체계를 완성하는데 노력했습니다.

그는 천주교에 연루되어 18년 동안 유배 생활을 하면서도 사회의 피폐상을 확인하면서『목민심서(牧民心書)』,『경세유표(經世遺表)』,『흠흠신서(欽欽新書)』등 수많은 책을 저술하여 실천 가능한 방안을 제시했습니다. 또한 세계문화유산의 하나인 수원(水原)의 화성(華城)을 설계하였으며, 거중기(擧重機)를 고안하여 화성을 축조하는 데 시간을 크게 줄이기도 했습니다.

정약용은 학문의 진리를 깨우치기 어려운 환경 속에서도 끊임없이 노력하여 정치, 경제, 사회, 문화, 사상 분야에서 큰 업적을 이루었습니다.

옛말에 "될성부른 나무는 떡잎부터 알아본다."는 말이 있습니다. 큰일을 할 사람은 그 사람의 품은 생각과 행동이 어린 시절부터 다른 사람들과 다르다는 말입니다. 어린 시절 재능이나 성향을 보면 그가 크게 발전할 수 있는 가능성이 무엇인지 예측할 수 있다는 것을 의미합니다. 하지만 많은 사람들은 자신이 잘할 수 있는 것이 무엇인지도 모르고 평생을 지내는 사람들이 많습니다. 인생을 살아가면서 나의 재능을 찾아서 갈고닦는 일은 무엇보다도 중요한 일입니다.

자신의 능력을 알고 목표를 세워 노력하는 사람은 인생의 아름다운 꽃을 피우고 알찬 열매를 맺습니다.

47 새옹지마(塞翁之馬)

....

字解　변방 새 塞 · 늙은이 옹 翁 · 어조사 지 之 · 말 마 馬

語義　변방에 사는 노인의 말.

解義　인생의 길흉화복(吉凶禍福)은 변화가 많아서 예측하기 어렵다.

중국 국경 근처에 점을 잘 치는 노인이 아들과 함께 살고 있었습니다. 어느 날 아침 아들이 다급한 목소리로 말했습니다.

"아버지! 큰일 났습니다. 지난밤에 말이 없어졌습니다."

아무 이유도 없이 마구간에 있던 말이 오랑캐들이 사는 국경 너머로 도망쳐 버린 것입니다. 이웃 사람들은 노인이 크게 상심하리라 생각하여 위문을 왔습니다.

"참 좋은 말이었는데 안 되셨습니다. 어떻게 위로의 말씀을 드려야 할지 모르겠습니다."

하지만 노인은 별로 실망하거나 걱정하지 않는 낯빛으로 말했습니다.

"지금의 화(禍)가 내일의 복(福)이 될 수 있는 것이오. 말이 도망갔지만 이 일로 인하여 훗날 복이 될지 어떻게 알겠소."

이 일이 있은 후 몇 달이 되어 아들이 달려와 소리쳤습니다.

"아버지! 이것 좀 보십시오. 집 나간 말이 다른 말과 함께 돌아왔습니다."

뜻밖에도 도망갔던 말이 오랑캐의 좋은 말 한 필을 데리고 왔습니다. 동네 사람들은 모두 즐거워하며 노인에게 축하의 말을 전했습니다.

"도망간 말이 좋은 말과 함께 돌아왔으니 정말 기쁘시겠습니다."

그러나 이번에도 노인은 별로 좋아하거나 기뻐하지 않았습니다.

"오늘의 복이 내일의 화가 될 수 있으니 이 일이 화가 되어 무슨 불행한 일을 당할지 어찌 알겠소."

그러던 어느 날 노인의 아들이 말을 타다가 말에서 떨어져 다리가 부러지고 말았습니다. 온 동네 사람들이 찾아와 노인의 아픔을 위로했습니다.

"하나밖에 없는 아들의 다리가 부러졌으니 얼마나 마음이 아프시겠습니까?"

그러나 이번에도 노인은 평소와 같이 담담한 표정으로 말했습니다.

"지금의 화가 내일의 복이 될 수 있으니 이 일로 좋은 일이 생길지 어찌 알겠소."

그 후 일 년이 지난 뒤 변방의 오랑캐들이 쳐들어왔습니다. 나라에서는 수많은 젊은이들을 징집하여 전쟁터로 보냈습니다. 전쟁터로 나간 젊은이들은 대부분 싸움터에서 적군과 싸우다가 목숨을 잃었습니다. 그러나 노인의 아들은 다리가 부러졌기 때문에 전쟁터에 뽑혀 나가지 않아 무사했습니다.

이와 관련하여 전한시대 회남왕(淮南王) 유안(劉安)은 빈객과 함께 지은『회남자(淮南子)』에서 말했습니다.

"복이 화가 되고 화가 복이 되는 것은 변화를 예측할 수 없어 끝을 알 수가 없으며, 그 이치가 깊고 깊어 이루 다 헤아릴 수가 없다."

여기에서 예측할 수 없는 길흉화복(吉凶禍福)을 비유해서 '새옹지마(塞翁之馬)'란 말이 유래되었습니다. '인생의 화와 복은 알 수 없으니 매사(每事)에 너무 기뻐하고 너무 슬퍼할 필요가 없다.'는 뜻입니다.

48 전화위복(轉禍爲福)

字解　구를 전 轉 · 재앙 화 禍 · 될 위 爲 · 복 복 福

語義　재앙이 바뀌어 복이 된다.

解義　좋지 않은 일이 계기가 되어 오히려 좋은 일이 생기다.

전국시대 진나라 혜왕(惠王)은 그의 딸을 연(燕)나라 문공(文公) 태자의 부인으로 삼게 했습니다. 문공이 죽은 후 이왕(易王)이 왕위에 오르자, 제(齊)나라 선왕(宣王)은 연나라를 공격하여 10개의 성을 빼앗았습니다. 이때 소진은 합종책(合從策)으로 6개국(燕, 齊, 楚, 韓, 魏, 趙)의 임금을 돕는 일을 겸임했던 소진은 연나라가 약속을 깨자 곤란한 입장에 놓이게 되었습니다. 연왕(燕王)이 책망하자 소진(蘇秦)은 빼앗긴 성을 찾아오겠다고 하며 제나라로 떠났습니다.

소진은 선왕을 만나자 축하(祝賀)의 말을 올린 후에 애도(哀悼)의 말을 전했습니다. 선왕이 불쾌한 듯이 말했습니다.

"축하의 말을 하고 애도의 말을 하는 이유는 무엇이오?"

소진이 대답했습니다.

"사람이 아무리 배가 고파도 독초는 먹지 말라는 이야기가 있습니다. 설령 배를 채운다고 해도 독초를 먹으면 먹을수록 고통이 따르고 죽음을 재촉하기 때문입니다. 지금 연나라는 약소국이지만 강한 진나라의 사위가 되는 나라입니다. 왕께서 10개의 성을 빼앗은 것은 강한 진나라와 깊은 원한을 맺는 것과 같습니다. 만약 약한 연나라와 강한 진나라가 연합하여 공격하여 온다면 제나라는 독초를 먹은 것과 같습니다."

제나라 선왕이 당황하며 일을 어떻게 처리하면 좋을지 묻자 소진이 대답했습니다.

"옛날에 일을 잘 처리했던 성인은 화를 바꾸어 복으로 만들고(轉禍爲福), 실패를 공으로 만든다(因敗爲功)고 했습니다. 그러므로 10개의 성을 다시 돌려주시는 것이 가장 현명한 일입니다. 그렇게 되면 연나라는 기뻐할 것이며, 진나라 왕은 자기로 인하여 왕께서 성을 돌려준 것을 알고 덕이 있는 왕이라고 여길 것입니다. 이로 인해 두 나라는 두터운 친교(親交)를 맺게 될 것이며, 연나와 진나라가 제나라를 섬기게 되니 대왕의 호령에 천하가 따를 것입니다."

제나라의 왕은 소진의 말을 듣고 크게 기뻐하며 연나라에 성을 돌려주고, 천금을 풀어 진 나라에 사과한 후에 형제의 나라가 될 것을 간청했습니다.

이와 같이 전화위복(轉禍爲福)은 소진이 제나라 선왕을 설득하기 위해 인용한 "화가 바뀌어 복이 된다."고 한 말에서 유래되었습니다. 실패를 새로운 성공의 기회로 삼아서 분연히 일어날 것을 당부할 때 쓰이는 말입니다.

삶의 지혜(智慧)

미국에 게리 쿠퍼(Gary Cooper)라는 유명한 배우가 있었습니다. 그는 보이지 않는 무대 뒤쪽에서 배우가 대사(臺詞)를 틀리지 않도록 조용히 읽어 주는 수습생(修習生)이었습니다.

어느 날 공연이 무르익을 무렵 게리 쿠퍼의 실수로 연기하던 배우가 대사를 잘못 말했습니다. 관객들은 웅성거리기 시작했고 공연이 실패로 끝날 위기에 놓였으나 경력 배우들의 재치 있는 연기로 무사히 마칠 수 있었습니다. 공연이 끝나자 감독이 불같이 화를 내며 말했습니다.

"중요한 대사를 실수를 하다니 있을 수 없는 일이오. 급여를 절반으로 줄이시오."

그러자 다른 연출가가 겸연쩍은 듯이 말했습니다.

"저 친구는 무급(無給)으로 일을 배우고 있는 수습생이어서 줄일 수 있는 급여가 없습니다."

감독은 어이가 없어 한참 동안 게리 쿠퍼를 바라보더니 말했습니다.

"그러면 저 친구를 지금부터 급여를 받는 엑스트라 배우로 일하도록 하고 급여를 반절로 줄이시오."

이와 같은 우여곡절 끝에 무대에 선 게리 쿠퍼는 놀라운 연기력으로 관객들의 마음을 사로잡기 시작했습니다.

훗날 그는 세계적인 명배우가 되어, 1941년에 〈요크상사〉, 1952년에 〈하이 눈〉으로 아카데미 남우주연상을 두 번이나 수상했습니다. 우리에게 잘 알려진 작품으로는 〈야구왕 루게릭〉, 〈누구를 위하여 종은 울리나〉, 〈서부의 사나이〉 등이 있습니다.

올라가는 길이 있으면 내려오는 길이 있고, 평탄한 길을 걷다보면 올라가는 길이 나오기 마련입니다. 인생도 마찬가지로 잘나가던 사업이 실패하여 곤경에 빠질 수도 있고, 갑작스러운 사고로 불행을 겪기도 합니다. 이런 때 사람들은 고민하고 방황하며 마음이 흔들립니다. 그래서 맹자는 "어떤 상황에서도 흔들리지 않는 마음을 가지고 사는 것이 마음의 평정을 갖고, 일상생활이 평안(平安)하다."고 했습니다.

역경(逆境) 속에서 자란 꽃이 가장 아름다운 꽃을 피웁니다. 위기는 순간의 시련이지만 이를 극복하면 가장 큰 기회로 만들 수 있습니다.

49 양두구육(羊頭狗肉)

字解 양 양 羊 · 머리 두 頭 · 개 구 狗 · 고기 육 肉

語義 양 머리를 걸어놓고 개고기를 판다.

解義 겉은 훌륭한 듯이 내세우지만 속은 변변치 못하다.

춘추전국시대 제(齊)나라의 왕 영공(靈公)은 특이한 취미를 가지고 있었습니다. 그는 궁중의 모든 여자들에게 남장(男裝)을 하도록 했습니다. 궁중에서 여자들이 남장을 한다는 소문이 전해지자 백성들 가운데서도 남장을 한 여자들이 날로 늘어갔습니다. 그러자 영공은 백성들에게 "여자가 남자 옷을 입으면 옷을 찢고 허리띠를 잘라 버려라."고 하며 남장을 하지 못하도록 명령을 내렸습니다. 하지만 궁 밖에 있는 여인들은 영공의 명령에 따르지 않고 남장을 하는 여인들이 계속 늘어났습니다.

어느 날 영공이 궁 밖에 나가 자신의 명령이 지켜지지 않는 모습을 보고 깜짝 놀랐습니다. 영공은 재상 안자(晏子)에게 물었습니다.

"어찌하여 여자들이 남장을 하는 것을 금지시켰는데도 그치지 않는 이유는 무엇이오?"

안자가 대답했습니다.

"그야 당연한 이치가 아니겠습니까? 왕께서 궁궐 내에서 여자들에게 남장을 하시도록 하면서 궁중 밖에 있는 백성들에게는 하지 말라고 하십니다. 이는 마치 문 밖에 양의 머리를 걸어 놓고 개고기를 파는 것과 같습니다(羊頭狗肉). 만약 왕께서 궁 안 여인들에게 남장을 하지 못하도록 금하시면 궁 밖에서도 감히 왕의 명령을 따르지 않는 자가 없을 것입니다."

안자의 말을 들은 영공은 즉시 궁 안 여인들에게 남장을 하지 못하도록 했습니다. 그러자 한 달이 채 되지도 않아 남장을 하는 여인들의 모습을 찾아 볼 수 없게 되었습니다.

'양두구육(羊頭狗肉)'의 원문은 "소머리를 걸어 놓고 안에서는 말고기를 파는 것과 같습니다."로 되어 있습니다. 그러나 구전(口傳)에 의해 소머리는 양 머리로, 말고기는 개고기로 바뀌어 쓰이고 있습니다. 겉은 그럴듯하지만 속은 그렇지 못한 것을 나타내는 말입니다. '좋은 명분을 내걸고 있으나 알고 보면 실속이 없는 것', '겉으로 드러난 행동과 마음속으로 품은 생각이 서로 달라서 됨됨이가 바르지 못하다.'는 뜻으로 쓰입니다.

삶의 지혜를 배우는 고사성어

50 구밀복검(口蜜腹劍)

字解 　입 구 口 · 꿀 밀 蜜 · 배 복 腹 · 칼 검 劍

語義 　입에는 꿀이 있고 배 속에는 칼을 품고 있음.

解義 　말로는 친한 척하지만 속으로는 해칠 생각이 있다.

　당(唐)나라 현종(玄宗)은 여황제 측천무후(則天武后)의 차녀(次女)인 태평공주(太平公主)와 권력 투쟁에서 이기고 황제가 되었습니다. 그는 황제의 자리에 오르자 민생을 안정시키고 경제를 충실히 했으며 국방을 튼튼히 하여 천하태평시대(天下泰平時代)를 열었습니다.

　그러나 현종은 노년에 접어들자 양귀비(楊貴妃)를 궁에 불러들여 정사를 소홀이하고 모든 국정을 이임보(李林甫)에게 일임했습니다. 이임보는 황제의 일가친척으로 글과 그림에 뛰어난 재주가 있었습니다. 하지만 겉보기와 달리 음흉하고 험하였으며 아부에 능한 사람이었습니다. 자신을 위하는 일이라면 무슨 일이던 물불을 가리지 않았습니다. 그는 조정의 모든 권세를 한 손에 쥐고 자기의 의견에 반대하는 사람은 주저 없이 죽였습니다. 그러자 황태자를 비롯하여 모든 신하들이 그를 두려워했습니다.

　한번은 황제가 엄정지(嚴挺之)라는 충신을 불러들이고자 했습니다. 그는 이임보의 전임(前任) 재상으로 누구보다도 강직하고 어진 재상이었습니다. 엄정지가 다시 돌아올까 걱정한 이임보는 그의 동생 엄손지를 불렀습니다. 그리고 다정스럽게 웃음을 지으며 말했습니다.

"지금 폐하께서 그대의 형님을 다시 불러들이고자 하오. 그러니 형님께 말씀드려서 황제를 뵙게 하시면 어떻겠소. 틀림없이 높은 벼슬을 내릴 것이오. 우선 몸에 병이 있으니 수도로 돌아가고 싶다는 서신을 올리도록 하시오."

동생의 말을 전해들은 엄정지는 병이 있어 수도로 돌아가고 싶다는 상소문을 현종에게 보냈습니다. 이임보는 상소문을 받자 즉시 현종을 만나 말했습니다.

"폐하, 엄정지는 나이도 많은데다가 깊은 병까지 있는가 봅니다. 지방관도 어려울 테니 그냥 수도로 올라와 편히 쉬게 하십시오."

이임보의 말을 들은 현종은 엄정지에게 지방관을 그만두게 하고 수도로 올라오도록 했습니다. 그때서야 엄손지는 이임보의 말에 속았다는 사실을 깨달았습니다. 사람들은 간사한 이임보를 보고 이렇게 말했습니다.

"이임보는 입에는 꿀을 담고 뱃속에는 칼을 지녔다(口蜜腹劍)."

이와 같은 정치로 이임보는 19년 동안 온갖 부귀영화를 누리며 살았습니다.

이임보가 죽자 양귀비 일족인 양국충(楊國忠)이 재상이 되었습니다. 그는 이임보의 죄목을 낱낱이 밝혀 현종에게 고했습니다. 화가 난 현종은 이임보가 살아 있을 때 벼슬을 모두 박탈하고 무덤을 파헤쳐 시체의 목을 베는 부관참시(剖棺斬屍)형에 처했습니다.

삶의 지혜를 배우는 고사성어

삶의 지혜(智慧)

중국 송나라 진종(眞宗) 때 재상인 마지절(馬知節)이란 사람이 있었습니다. 그는 서화(書畫)에 일가견이 있어서 많은 그림을 수집하여 감상하는 것을 큰 즐거움으로 삼았습니다. 특히 당나라 때 유명한 대숭(戴嵩)의 작품 〈투우도(鬪牛圖)〉를 극진히 아꼈습니다. 혹시 그림에 좀이 쏠지 않을까 걱정이 되어 비단으로 덮개를 만들고 햇빛과 바람이 좋은 날에는 수시로 밖에 내다 말릴 정도였습니다.

그러던 어느 날 대청 앞에 그림을 걸어 놓고 바람을 쐬어 주고 있는데 소작료(小作料)를 내려고 찾아온 농부가 그림을 보고 웃었습니다. 이를 본 마지절이 매우 불쾌하여 화를 내며 말했습니다.

"너는 이 그림이 누구의 작품인지 알고나 웃는 것이냐? 이 그림은 당나라 때 유명한 화가이신 대숭의 작품이다."

그러자 농부는 고개를 갸웃거리며 조심스럽게 말했습니다.

"저 같이 농사일만 하는 사람이 그림에 대해 무엇을 알겠습니까. 그런데 소의 모습이 너무 이상스럽게 그려져 있어서 웃었을 뿐입니다."

마지절은 궁금해서 농부에게 무엇이 그렇게 이상하냐고 하고 묻자 농부가 대답했습니다.

"소는 싸울 때 뿔로 상대를 공격하기도 하지만, 상대편이 공격해 오면 이를 받아칩니다. 이때 소는 꼬리를 바싹 당겨서 사타구니에 끼우고 싸웁니다. 그런데 이 그림의 소들은 꼬리를 치켜 올리고 싸우고 있으니 말이 되지 않아 웃었을 뿐입니다."

농부의 말에 놀란 마지절은 얼굴을 붉히며 어쩔 줄을 몰랐습니다. 그리고 걸어 놓았던 대숭의 그림을 내리며 탄식했습니다.

"대숭은 이름난 화가지만 소에 대해 너무도 모르고 있었구나. 이런 엉터리 그림에 속아 평생 씻지 못할 부끄러운 일을 하고 말았다. 그간 이 그림을 보며 애지중지(愛之重之)한 내가 부끄럽구나!"

요즘 세상에는 겉은 훌륭한 듯 내세우지만 속은 그렇지 못한 사람들이 많습니다. 공자는 사람은 겉과 속이 다른 사람이 많다고 하면서 군자는 사람을 쓸 때 다음과 같은 자세를 살펴보아야 한다고 했습니다.

"먼 곳에 심부름을 시켜 충성을 보고, 가까이 두고 공경을 보며, 번거로운 일을 시켜 재능을 보고, 뜻밖의 질문을 던져 지혜를 보며, 급한 약속을 하여 신용을 보고, 재물을 맡겨 어짊을 보며, 위급한 일을 알려 절개를 보고, 술에 취하게 하여 절도를 보며, 남녀를 섞여 있게 하여 이성에 대한 자세를 보아야 한다."

겉과 속이 다르면 언젠가는 알려지기 마련이며 결국에는 모든 것을 잃게 됩니다. 상대를 알기 위해서는 내 마음부터 알아야 합니다.

51   어부지리(漁夫之利)

字解   고기 잡을 어 漁 · 사내 부 夫 · 어조사 지 之 · 이로울 리 利
語義   어부의 이로움.
解義   둘이서 다투고 있는 동안 제 삼자가 이득을 본다.

전국시대, 연(燕)나라는 서쪽으로는 조(趙)나라, 남쪽으로는 제(齊)나라와 국경이 접해 있어 항상 두 나라의 위협을 받고 있었습니다. 어느 해 가뭄이 들자 조나라는 기다렸다는 듯이 연나라를 침략하려고 호시탐탐 기회를 엿보고 있었습니다. 때마침 연나라는 많은 병력을 제(齊)나라에 보내 놓은 터라 연나라 소왕(昭王)은 조나라와 전쟁을 벌이고 싶지 않았습니다. 그래서 합종책(合從策)으로 유명한 소진(蘇秦)의 동생 소대(蘇代)에게 조나라 혜문왕(惠文王)을 설득해 줄 것을 부탁했습니다. 소진 역시 매우 지혜로운 사람으로 연나라를 위해 많은 일을 하고 있었습니다.

"너무 염려하지 마십시오. 제가 전쟁을 일으키지 않도록 노력해 보겠습니다."

소대는 조나라에 가서 혜문왕을 만났습니다.

"연나라 왕께서는 조나라와 전쟁을 원치 않으십니다. 부디 두 나라에 도움이 되지 않는 일이니 생각을 바꾸어 주십시오."

혜문왕이 말했습니다.

"나라마다 사정이 있는 것이요. 우리가 연나라 입장을 헤아려 줄 이유는 없다고 생각하오."

혜문왕이 거절하자 소대가 다음과 같은 이야기를 들려주었습니다.

"제가 오늘 조나라로 오는 중에 역수(易水)를 지나다가 재미있는 광경을 보았습니다. 큰 조개 하나가 입을 쫙 벌리고 햇볕을 쬐고 있었습니다. 그때 황새 한 마리가 갑자기 나타나 조갯살을 쪼아 먹으려고 하자 깜짝 놀란 조개가 황새의 주둥이를 힘껏 물었습니다. 황새는 조개를 털어내려고 이리저리 흔들었지만 조개는 꼼짝도 하지 않았습니다. 다급해진 황새가 협박도 하고 달래도 보았습니다.

"오늘도 비가 안 오고 내일도 비가 오지 않으면 너는 말라 죽고 말 것이다. 좋게 말할 때 입을 벌리는 게 좋을 게야."

그러자 조개도 지지 않고 말했습니다.

"내가 오늘도 놓지 않고 내일도 놓지 않는다면 너는 굶어 죽고 말 것이다."

황새와 조개는 어느 쪽도 양보할 기색이 없이 계속 다투고 있었습니다. 그때 마침 그곳을 지나가던 어부(漁夫)가 힘들이지 않고 황새와 조개를 모두 망태 속에 넣어가 버렸습니다."

혜문왕은 소대가 왜 이런 이야기를 하는지 궁금해서 이유를 묻자 소대가 대답했습니다.

"전하께서 지금 연나라를 공격하려 준비하고 계신다는 이야기를 들었습니다. 지금 연나라는 조개와 같고 조나라는 황새와 같습니다. 연나라가 아무리 힘이 약하다고는 하나 온 힘을 다하여 싸우면 조나라도 힘이 약해지고 백성들도 지치게 될 것입니다. 두 나라가 전쟁에 지칠 때가 되면 강한 진나라가 구경만 하고 있다가 힘들이지 않고 연나라와 조나라를 모두 집어삼킬 것입니다(漁夫之利). 그러니 연나라를 치는 문제를 깊이 생각하여 주시기 바랍니다."

소대의 말을 들은 혜문왕은 그의 말이 옳다고 생각되어 연나라를 공격하려던 계획을 취소했습니다.

이와 같이 어부지리(漁夫之利)는 '황새와 조개처럼 두 사람이 싸우는 사이에 전혀 생각지도 않은 다른 사람이 이득을 보는 것'을 말합니다.

52 견토지쟁(犬兔之爭)

字解 개 견 犬 · 토끼 토 兔 · 갈 지 之 · 다툴 쟁 爭

語義 개와 토끼의 싸움.

解義 두 사람이 싸우는 사이 제삼자가 이득을 본다.

전국시대 제(齊)나라 순우곤(淳于髡)은 능란한 말솜씨로 각지를 유세(遊說)하고 다니는 뛰어난 세객(說客)이었습니다. 그가 제나라 선왕(宣王)에게 중용되었을 때의 일입니다. 제나라 왕이 위(魏)나라를 공격하려고 하자 순우곤이 말했습니다.

"옛날에 한자로(韓子盧)라는 천하에 날랜 개와 동곽준(東郭逡)이라는 발 빠른 토끼가 있었습니다. 하루는 한자로가 동곽준을 잡으려고 뒤쫓아 달려갔습니다. 개와 토끼는 수십 리에 이르는 산기슭을 세 바퀴나 돌고, 높은 산을 다섯 번이나 오르락내리락하다가 기진맥진하여 쓰러져 죽고 말았습니다. 그때 마침 그곳을 지나가던 운 좋은 농부는 아무런 힘도 들이지 않고 개와 토끼를 모두 얻었습니다. 지금 제나라와 위나라는 오랫동안 대치하느라 병사들과 백성들 모두 지칠 대로 지쳐 있습니다. 만약 이런 형세에서 제나라가 위나라를 공격한다면 얼마가지 못해 두 나라가 모두 쓰러지고 말 것입니다. 그러면 서쪽의 강한 진(秦)나라나 남쪽의 초(楚)나라가 농부처럼 힘들이지 않고 두 나라를 차지할까

삶의 지혜를 배우는 고사성어

염려되오니 왕께서는 깊이 생각하여 주시기 바랍니다."

이 말을 들은 제나라 선왕은 그의 말이 옳다고 생각하고 자신의 전쟁 계획을 중지하고 부국강병(富國强兵)에 힘을 기울였습니다.

견토지쟁(犬兎之爭)은 실력이 비슷한 두 사람이 싸우다가 제 삼자가 이득을 보는 것을 말합니다. 전부지공(田父之功)이라고도 합니다.

삶의 지혜(智慧)

1850년 미국 서부에 황금 광산이 발견되면서 금을 캐러온 사람들이 샌프란시스코에 몰려들자 전 지역이 천막촌으로 변해 갔습니다. 이때 독일 태생 이민자인 '리바이 스트라우스(Levi Strauss)'라는 청년은 천막을 만드는 질긴 천을 생산하여 엄청난 돈을 버는 행운을 얻었습니다.

그러나 그에게 큰 시련이 닥쳐왔습니다. 군납업자(軍納業者)가 찾아와 군대용으로 쓸 천막 10만여 개의 천막 천을 납품하도록 도와주겠다고 제의해 왔습니다. 뜻밖에 행운을 잡은 리바이스는 빚을 내어 시설을 정비하고 직원을 늘려서 밤낮으로 생산에 몰두하여 3개월 만에 주문 받은 수량을 만들어 냈습니다.

그는 기쁜 마음으로 천막을 군에 납품했으나 모두 사용할 수 없다는 통보와 함께 되돌아왔습니다. 천막을 국방색이 아닌 청색으로 만들었기 때문이었습니다.

산더미만 한 엄청난 천막천은 방치된 채 쌓여 있었고, 여기저기에서 빚 독촉이 아우성쳤습니다.

큰 위기에 처한 그는, 어느 날 길을 가다가 광부들이 모여 앉아서 바지를 꿰매고 있는 것을 보았습니다. 이 모습을 보고 리바이는 "질긴 천으로 옷을 만들면 될 텐데." 하고 무의식적으로 중얼거렸습니다.

여기에서 영감(靈感)을 얻은 그는 청색 천막의 천으로 바지를 만들어 이름을 '블루 진(blue jeans)'이라고 했습니다. 튼튼하고 실용적인 푸른

색 작업복이 나오자 광부들은 물론 일반인들에게도 엄청난 인기를 끌었습니다.

그 후 광부들이 주머니에 넣은 연장과 광물의 무게를 이기지 못해 주머니 재봉선이 자주 터졌습니다. 그때 양복점을 하던 유대인 재단사 제이컵 데이비스가 동업을 제의해 와 구리로 만든 징, 리벳(rivet)을 바지 주머니에 박아 넣어 문제를 해결하고 특허를 신청했습니다.

마침내 1873년 남청색 바지의 특허가 승인되어 미국 최초의 의류 브랜드인 '리바이스 청바지'가 탄생했습니다.

이후 청바지가 불티나게 팔렸으나 바지가 조금 무겁다는 소비자의 불만이 있었습니다. 그래서 리바이는 가벼우면서 질긴 '데님'으로 바꾸었습니다. 데님은 프랑스 남부 도시 님(Nimes)의 특산물로 고급 면직물입니다.

이것이 대표적인 청바지 브랜드가 된 '리바이스(Levi's)의 시초입니다.

그가 만든 청바지는 오늘날까지도 새로운 디자인으로 태어나면서 계급, 연령, 계절, 성별, 국경 없이 전 세계인이 즐겨 입는 옷이 되었습니다.

"농작물은 농부의 발자국 소리를 들으며 자란다."고 했습니다. 행운은 노력한 만큼 나에게 더욱 가까이 다가옵니다.

53 오우천월(吳牛喘月)

字解 오나라 오 吳 · 소 우 牛 · 헐떡거릴 천 喘 · 달 월 月

語義 오나라 소는 달만 보아도 헐떡거린다.

解義 어떤 일에 혼이 나면 비슷한 것만 보아도 겁을 먹는다.

진(晉)나라 무제(武帝) 때 상서령(尙書令)을 지낸 만분(滿奮)이라는 사람이 있었습니다. 그는 유독 추위를 싫어하였습니다. 북풍(北風)이 몰아치는 날이면 몸을 사시나무 떨듯 떨었습니다.

어느 추운 겨울날 만분은 무제를 알현하였습니다.

"날씨가 무척 춥습니다. 이쪽으로 앉으십시오."

무제가 북쪽에 있는 창문 쪽으로 앉도록 정중히 권유하자 만분은 깜짝 놀랐습니다. 창문 쪽을 바라보니 아무것도 없었습니다. 거기에다 눈바람에 나뭇가지들이 흔들리는 모습이 다 내다 보였습니다. 유리로 된 창문이었지만 아무것도 모르는 만분이 덜덜 떨며 어쩔 줄을 모르자 황제가 그의 모습을 보고 물었습니다.

"상서령 왜 그러시오. 그곳은 바람 한 점 들어오지 않는 따뜻한 곳이오. 어찌하여 그렇게 떨고 있는 것이오? 어디 불편한 곳이라도 있소?"

"아닙니다. 저는 기질이 너무 약하여 조금이라도 바람을 쏘이면 감기에 걸리게 되어 바람을 몹시 무서워합니다."

그러자 무제가 웃으면서 말했습니다.

"그곳은 새로 발명된 유리로 만든 창문입니다. 밖에는 다 보이지만 바람은 하나도 통하지 않으니 걱정하지 마시고 앉으십시오."

무제는 그가 바람을 무척 싫어하는 것을 알고 있었기 때문에 유리창이란 것을 설명하여 주었습니다.

지금껏 유리 창문을 한 번도 본 적이 없는 만분은 무제의 설명을 듣고 창문을 여기 저기 만져 보더니 안심을 한 듯 황공해 하며 말했습니다.

"남쪽 오(吳)나라 물소들은 더위를 무척 싫어하여 여름이 되면 물속에 들어가 놀거나 나무 그늘에서 더위를 식히곤 합니다. 가장 두려워하는 것은 한낮의 뜨거운 태양입니다. 어쩌다가 밤에 밝은 달을 보게 되면 그것이 태양인 줄 알고 곧 숨을 헐떡거리게 됩니다. 제가 유리를 보고 떠는 것은 마치 오나라 소가 달만 보아도 숨을 헐떡이는 것과 같습니다 (吳牛喘月). 이는 신을 두고 하는 말인 것 같습니다."

오두천월(吳牛喘月)은 겁이 많아서 공연한 일에 미리 두려워하며 허둥거리는 것을 이르는 말입니다. 우리 속담에 '자라 보고 놀란 가슴 솥뚜껑 보고 놀란다.'는 말과 같습니다.

54 상궁지조(傷弓之鳥)

字解 상처 상 傷 · 활 궁 弓 · 갈 지 之 · 새 조 鳥

語義 화살에 상처를 입은 새.

解義 한 번 혼이 난 뒤에 그것을 두려워하고 경계하는 마음.

전국시대 말엽, 강력한 진(秦)나라 공격에 대비하기 위해서 조(趙), 초(楚), 연(燕), 제(齊), 한(韓), 위(魏), 여섯 나라는 합종(合從)의 맹약을 맺고 있었습니다. 이때 조나라 왕이 위가(魏加)라는 신하를 보내어 초나라 승상 춘신군(春信君)과 군사동맹에 관한 문제를 협의하도록 했습니다. 춘신군을 만나자 위가가 말했습니다.

귀국에는 장군으로 임명할 적임자가 있습니까?"

"예, 임무군(臨武君)을 장군으로 삼고자 합니다."

이 말을 들은 위가는 임무군이 적당치 않다고 생각했습니다. 왜냐하면 임무군은 지난 날 진나라와 전쟁에서 패한 적이 있기 때문에 아직도 진나라를 두려워한다는 소문이 있기 때문입니다. 위가가 말했습니다.

"옛날 위(魏)나라에 경영(更嬴)이란 명궁(名弓)이 있었는데 왕과 함께 산책하던 중 기러기 떼가 날아가는 것을 보고 말했습니다.

"대왕, 저는 화살을 메기지 않고 빈 활을 쏘아 새를 떨어뜨릴 수 있습니다."

삶의 지혜를 배우는 고사성어

"정말로 그런 일이 가능하다는 말이오?"

그때 기러기 떼가 동쪽에서 날아오자 경영이 빈 활을 들어 시위를 힘껏 당기자 맨 뒤에 날아가던 기러기 한 마리가 땅에 떨어졌습니다. 위왕이 놀라 연유를 묻자 경영이 대답했습니다.

"이 기러기는 상처를 당하여 날아가는 속도가 느리고 울음소리가 처량했습니다. 천천히 나는 것은 예전에 입었던 상처가 아물지 않았기 때문이고, 울음소리가 처량한 것은 놀란 마음이 아직도 없어지지 않았기 때문입니다. 그래서 시위 소리만 들어도 놀라서 높이 날려고 하다가 상처가 도져 땅에 떨어진 것입니다. 그러므로 진나라에 혼이 난 적이 있는 임무군을 장군으로 임명하는 것은 적절하지 못한 것 같습니다."

상궁지조(傷弓之鳥)는 위가가 춘신군(春信君)에게 이야기해 준 말로, 다친 기러기가 빈 활에 떨어졌다는 데에서 유래되었습니다. 한 번 화살에 맞은 새는 구부러진 나무만 보아도 놀란다는 뜻으로, 어떤 일에 한 번 혼이 나면 두려워하고 의심을 품는 것을 말합니다. 실패한 일을 다시는 되풀이하지 않기 위해서 모든 일에 조심하거나 경계해야 한다는 말입니다.

삶의 지혜(智慧)

오호십육국시대(五胡十六國時代) 전진(前秦)의 3대 임금인 부견(符堅)은 중국 북부 지역을 장악하고 여세를 몰아 87만 대군을 이끌고 동진(東晉)을 공격했습니다.

동진에서는 사석(謝石)과 사현(謝玄)에게 군사 8만을 주어 싸우게 했습니다. 선봉장으로 나섰던 사현은 5천 명의 군사를 이끌고 나가 전진의 군사 1만 5천 명을 손쉽게 전멸시켰습니다. 이때 양쪽 군대는 회수(淮水)와 비수(淝水)가 만나는 수양(壽陽)에서 대치하고 있었습니다. 부견과 선봉장 부융이 수양성(壽陽城) 성루에 올라가서 동진군의 군세를 살펴보니 병사들의 질서가 정연하고 기세가 하늘을 찌를 듯했습니다. 다시 서북쪽 팔공산(八公山)을 바라보니 산에 서 있는 초목(草木)들이 모두 병사로 보였습니다. 부견은 이러한 적군의 군세를 보고 휘하의 장수들에게 명령했습니다.

"전군을 약간 후퇴시켰다가 적이 강 한가운데 이르렀을 때 돌아서서 반격하라."

그러나 이는 부견의 오산이었습니다. 이 소식을 들은 동진군은 즉시 전진의 군사들이 패하여 후퇴한다고 소문을 냈습니다. 선봉군이 후퇴를 개시하여 강을 건너 되돌아오기 시작하자, 후미에 있던 전진군은 싸움에 패한 것으로 오인하고 앞다투어 달아나기 시작했습니다. 순식간에 진용은 흐트러지고 후퇴 길에 오른 전진군은 반격은커녕 멈추어 서기도 어려웠습니다.

이때 무사히 강을 건넌 동진군의 사석과 사현은 혼란에 빠진 전진의 군사들을 사정없이 섬멸시켰습니다. 전진의 대군은 혼란에 빠져 서로 뒤엉켜 넘어지고 밟히며 죽은 군사가 강을 메울 정도였습니다. 전진의 군사들은 사기가 떨어지고 겁에 질려 전의를 상실했습니다. 여기에 승세를 탄 동진군은 맹렬히 전진군을 뒤쫓았습니다. 전진의 군사들은 산 속의 풀과 나무만 보아도 동진의 군사를 본 듯 놀라 자빠지고(草木皆兵), 바람 소리와 학의 울음소리만 들어도 적의 군대가 추격하여 오는 줄 알고 도망치기에 바빴습니다(風聲鶴唳). 이 전투를 비수대전(淝水大戰)이라고 합니다. 전쟁에 대패한 부견은 도망치는 도중에 모용수(慕容垂)를 만나 겨우 귀환했는데 장안에 돌아온 병사의 수가 절반에도 미치지 못했습니다.

이후 모용수(慕容垂)는 군사들을 다시 모아 연나라를 일으키고 수도를 중산(中山)에 두었습니다. 이 나라를 후연(後燕)이라고 부르며 비수전쟁이 끝난 2년 후의 일이었습니다.

위 이야기와 같이 '초목개병(草木皆兵)'이나 '풍성학려(風聲鶴唳)'는 강하게 보이는 적이 두려워 떠는 모습을 표현한 말입니다. '초목개병'은 시각적(視覺的) 비유이고, '풍성학려'는 청각적(聽覺的) 비유입니다.

유비무환(有備無患)의 정신! 편안할 때 위태로움을 생각하고, 위태로움을 생각하면 준비가 있어야 하며, 충분한 준비가 있으면 근심할 일이 없습니다.

55 조삼모사(朝三暮四)

字解 아침 조 朝 · 석 삼 三 · 저물 모 暮 · 넉 사 四
語義 아침에 세 개 저녁에 네 개.
解義 간사한 꾀로 남을 속인다.

춘추전국시대 송(宋)나라에 저공(狙公)이라는 사람이 있었습니다. 저공은 가족들의 먹을 양식까지 가져다 먹일 정도로 원숭이를 좋아했습니다. 그래서 누구보다 원숭이의 마음을 잘 이해하였으며 원숭이들도 저공의 이야기를 잘 알아들었습니다. 그러나 많은 원숭이를 기르다 보니 먹이를 주는 일을 무시할 수가 없었습니다. 살림살이가 점점 어려워지자 저공은 원숭이들의 먹을 것을 줄이는 수밖에 없다고 생각했습니다.

어느 날 결심을 한 저공은 집안의 모든 원숭이들을 불러들였습니다.

"오늘부터 너희들에게 줄 도토리를 아침에 세 개, 저녁에 네 개씩 주려고 하는데 어떠냐(朝三暮四)?"

그러자 원숭이들은 불만스럽다는 듯이 떠들고 화를 내면서 여기저기서 소리를 질렀습니다.

저공은 고민에 빠졌습니다. 지금으로서는 도저히 하루에 일곱 개 이상 줄 수 있는 형편이 되지 못하는데 어떻게 해야 좋을지 망설였습니다. 열매의 수를 그대로 두고 원숭이를 설득 할 방법을 여러 가지로 생각했습니다. 그러던 중 좋은 묘안이 떠올랐습니다. 아침에 세 개라면 배가 고파 못 견디겠다는 원숭이의 마음을 저공은 알아차린 것입니다. 저공은 다시 원숭이들을 불러 모았습니다.

"그렇다면 너희들에게 아침에 네 개, 저녁에 세 개를 주겠다. 어떠냐?"

그제서야 원숭이들은 좋아서 손뼉을 치고 엎드려 절하며 좋아하였습니다.

조삼모사의 성어(成語)에 대해 열자(列子)는 저공이 꾀를 내어 원숭이를 속이는 것은 성인이 교묘한 술책으로 어리석은 인간을 마음대로 이용하는 것과 같다고 했습니다. 또 장자는 하루에 일곱 개를 받을 수 있다는 것은 변함이 없는데 원숭이들이 화를 내고 기뻐하는 것은 아침이라는 눈앞의 이익 때문이라고 했습니다. 옳고 그름에 집착하여 이치를 꿰뚫어 보지 못하여 결국 똑같은 것임을 알지 못한다는 것입니다.

위와 같이 '조삼모사(朝三暮四)'는 저공이 원숭이를 농락했다는 데에서 유래했습니다. '사람을 농락하여 수작 속에 빠뜨리는 것', '못된 꾀로 사람을 속이는 것', '당장의 차이에만 눈이 어두운 어리석은 행동'의 의미로 쓰이고 있습니다.

56 교언영색(巧言令色)

字解   교묘할 교 巧 · 말씀 언 言 · 아름다울 영 令 · 빛깔 색 色

語義   교묘한 말과 아름답게 꾸민 얼굴색.

解義   남에게 잘 보이려고 그럴듯하게 꾸며 대는 말과 태도.

　　교언영색(巧言令色)은 공자의 『논어(論語)』에 등장하는 말로 원래 '교언영색 선의인(巧言令色 色鮮矣仁)'이라는 말에서 유래했습니다. 여기에서 공자는 "교묘한 말과 보기 좋게 꾸민 얼굴을 하는 사람치고 착한 사람이 드물다."고 하며 이런 태도를 지닌 사람은 인간의 내면을 충실하게 하는 일을 경시하고 있기 때문에 군자가 될 수 없다고 했습니다. 그래서 그의 제자 자로에게 이렇게 주의를 주었습니다.

　　"나는 말을 잘한다고 해서 그 사람을 믿을 수 없다. 왜냐하면 진정으로 도(道)를 실천하는 사람인지 겉만 장식하고 있는 사람인지 판단하기 어렵기 때문이다. 자신이 선(善)을 행하기 위해서 다른 사람을 망치게 하는 것도 그러한 행위의 하나이다. 나는 그러한 논리를 교묘히 구사하는 자를 마음으로부터 증오한다."

　　교언영색(巧言令色)에 관한 일화(逸話)입니다. 전국시대 제(齊)나라에 추기(騶忌)라는 재상이 있었습니다. 그는 키도 크고 생김새가 준수

하여 뛰어난 미남자(美男子)였습니다. 어느 날 조정에 나가기 위해 옷을 입으면서 거울을 보다가 아내에게 물었습니다.

"성북에 사는 미남 서공(徐公)과 나와 비교하면 누가 더 잘생겼다고 생각하시오."

"물론 당신이지요. 서공이 어찌 당신과 비교할 수 있겠습니까?"

아내는 주저 없이 말했습니다. 추기는 여기에 만족할 수 없어서 똑같은 질문을 첩과 손님들에게도 물었습니다. 그러자 모두가 자신이 서공보다 낫다고 말했습니다.

그러던 어느 날 추기는 서공의 얼굴을 보자 좌절하지 않을 수 없었습니다. 서공의 인물이 자신과 비교가 되지 않았습니다. 그때서야 추기는 사람들이 자신을 위해 좋은 대답만 해 주었다는 사실을 알게 되었습니다. 추기는 생각했습니다. '아내가 나를 좋게 말한 것은 사사로운 편견 때문이고, 첩은 내 기분을 상하지 않을까 걱정해서이며, 손님들은 나에게 바라는 바가 있기 때문이다.'

다음 날 추기는 조정에 나가 왕에게 서공과의 이야기를 말 한 다음 이렇게 말했습니다.

"지금 궁중의 신하들은 전하를 대하면서 바른말을 하지 못하고 비위만 맞추는 데 급급하고 있습니다. 그와 같은 아첨은 제가 받은 서공과의 이야기와 다를 바가 없습니다. 부디 아첨으로 눈이 어두워지는 일이 없도록 하십시오."

추기가 비판하는 말은 들을 가치가 있다고 진언(眞言)하자 위왕(威王)은 그 말을 옳게 여기어 말했습니다.

"왕에게 직간(直諫)하는 자는 상등상(上等賞)을 주고, 글로 잘못을 지적하는 자는 중등상(中等常)을 주며, 마을에서 비판하는 자는 하등상(下等賞)을 준다."

여기저기서 왕을 비판하는 소리로 떠들썩했지만 왕은 그들의 비판을 받아들여 차근차근 정치를 개혁해 나갔습니다. 수개월이 지나자 비판의 소리는 점점 줄어들고 그 후에는 비판하는 사람이 없게 되었습니다.

위왕의 노력으로 제나라 힘이 강력해지자, 여러 나라들은 제나라를 공경하여 사자(使者)를 파견했습니다.

역사가는 이렇게 논평했습니다.

"위왕은 군사를 사용하지 않고 승리를 얻었다."

삶의 지혜를 배우는 고사성어

삶의 지혜

당나라 2대 태종(太宗)인 이세민(李世民)이 황제에 오를 때 위징(魏徵)이라는 사람이 있었습니다. 그는 당(唐) 고조(高祖) 이연(李淵)의 아들들이 황제 자리를 놓고 싸울 때 태종의 형인 이건성의 편에 서서 이세민을 죽이라고 한 인물입니다. 이세민은 권력 투쟁에서 승리자가 되어 황제에 즉위했지만, 그의 인물됨을 높이 평가하여 벌을 주지 않고 중용(重用)했습니다.

위징은 항상 태종의 잘못이 있으면 마음에 있는 말을 숨기거나 꾸밈이 없이 과감하게 비난했습니다. 이러한 간언은 2백 회가 넘었습니다.

어느 날 태종이 나라를 어떻게 다스리는 것이 좋을지 묻자, 위징이 대답했습니다.

"임금은 배와 같고 백성은 물과 같습니다. 물은 배를 뜨게 하지만 반대로 배를 가라앉힐 수도 있습니다. 수나라가 망한 것을 역사의 거울로 삼아서 부역을 줄이고, 세금을 가볍게 하며, 현명한 신하를 중용(重用)하도록 하십시오."

이와 같은 위징의 간언(諫言)으로 당나라는 정치가 안정되고 농업이 발전했으며 재정도 풍족해졌습니다. 그래서 모든 통치자들에게 모범이 되는 '정관지치(貞觀之治)'라고 불리는 당나라 역사상 가장 빛나는 태평성대(太平聖代)를 이루었습니다. 태종은 위징이 죽자 몹시 슬퍼하며 다음과 같이 탄식했습니다.

"나는 세 개의 거울을 가지고 있었다. 첫째는 동경(銅鏡)인 청동거울로, 얼굴과 의관을 보며 용모를 단정히 했으며, 둘째는 사경(史鏡)인 역사의 거울로, 지난날 역사를 돌아보며 오늘의 교훈과 경계로 삼았으며, 셋째는 인경(人鏡)으로, 사람을 거울삼아 말과 행동을 돌아보고 나 자신을 바르게 하려고 노력하였다. 그러나 나는 오늘 세 개의 거울 가운데 위징이란 인경을 잃어 버렸다(以人爲鏡)."

오늘날 우리 주변에는 겉과 속이 다른 사람들이 많습니다. 눈앞에 있는 욕심 때문에 거짓으로 상대를 속이는가 하면, 출세를 위해 마음에 없는 말을 하며 양심을 버리기도 합니다.

예쁜 장미에 가시가 많고, 반짝이는 진주는 상처 난 조개에서 나옵니다. 아름다운 반달의 모습도 보이지 않는 반쪽을 보아야 진실을 알 수 있습니다. 눈에 보이는 겉모습만 보면 진실을 놓치게 됩니다.

삶의 지혜를 배우는 고사성어

57 지록위마(指鹿爲馬)

字解 가리킬 지 指 · 사슴 록 鹿 · 할 위 爲 · 말 마 馬

語義 사슴을 가리켜 말이라 한다.

解義 윗사람을 농락하여 권세를 마음대로 휘두른다.

　　중국 최초로 천하를 통일한 진시황(秦始皇)은 순행 중에 병에 걸려 죽음에 이르게 되자 유언(遺言)을 남겼습니다. "몽념(蒙恬)에게 군사를 맡기고 함양(咸陽)에서 장사 지내도록 하며, 큰아들 부소(扶蘇)에게는 장례를 주관토록 하라."는 내용이었습니다.

　　유서(遺書)가 부소에게 전하여지기도 전에 시황제가 승하했습니다. 그때 유서와 옥새는 모두 환관(宦官)인 조고(趙高)가 가지고 있었습니다. 모든 권력을 쥐고 있던 조고는 현명한 부소가 왕이 되면 자기의 권력을 빼앗길 것이 무엇보다 두려웠습니다. 그래서 어리석은 둘째 호해를 계승자로 세우고 천자를 보필하는 승상 이사를 설득하는 데 성공했습니다. 그리고 부소와 몽념에게 자결하라는 내용으로 유서를 조작했습니다. 부소와 몽념이 죽자 조고는 황제인 호해를 정치에서 멀어지게 하고 승상 이사와 진황 때 공을 세운 공신들을 모두 죽였습니다. 조고는 여기에 만족하지 않고 황제가 되어야겠다고 결심했습니다. 천하를 차지하려는 조고는 반대하는 조정 대신이 없을까 매우 걱정이 되어서 그들을 가려내기 위해 계략을 꾸몄습니다.

어느 날 조고는 조정의 신하들을 모두 모아 놓고 사슴 한 마리를 황제에게 바치면서 말했습니다.

"황제 폐하, 여기 좋은 말이 있어 바치오니 받아 주시옵소서."

황제는 어이가 없다는 듯이 말했습니다.

"승상께서는 농담도 참 잘하시오. 이건 사슴이지 말이 아니잖소. 어찌 사슴을 말이라 하시오(指鹿爲馬)?"

"아닙니다. 지금 폐하께서 기운이 약하시어 말이 사슴으로 보이는 것이옵니다. 이것은 틀림없는 말이옵니다. 어찌하여 말을 사슴이라고 하시나이까?"

조고가 계속 억지를 부리자 황제는 신하들을 둘러보며 말했습니다.

"그대들 눈에는 사슴으로 보이는가 말로 보이는가 말하여 보아라."

조고의 위세를 두려워하고 있던 신하들이 말했습니다.

"폐하께서 잘못 보신 것입니다. 틀림없이 말이옵니다."

그러자 이번에는 정직한 신하들이 말했습니다.

"아닙니다. 말이 아니라 사슴이 틀림없습니다."

조고는 사슴이라고 말한 자들을 똑똑히 기억하고 있다가 모두 죄를 뒤집어 씌워 죽여 버렸습니다. 그 일이 있은 후부터는 누구 하나 조고의 말에 이유를 달거나 반대하는 사람이 없었습니다. 이렇게 나라가 어지럽고 혼란에 빠지자 여기저기서 반란이 일어났습니다. 항우와 유방의 군대가 도읍인 함양(咸陽)으로 진격해 오자 조고는 호해를 죽이고 부소의 아들 자영을 황제로 삼았습니다. 자영은 아들과 계획하여 옥새를 전

삶의 지혜를 배우는 고사성어

하기 전에 자신의 집에 찾아온 조고를 죽였습니다. 조고의 농단으로 중국을 통일한 진나라는 16년 만에 멸망하고 말았습니다.

이와 같이 '지록위마(指鹿爲馬)'는 '간사한 꾀로 윗사람을 농락하고 권세를 마음대로 휘두르는 것'을 비유한 말입니다. '앞뒤가 맞지 않는 것을 우겨서 남을 속이는 것'이나 '일을 억지로 조작하여 사람을 궁지에 몰아넣는다.'는 의미로 사용됩니다.

58 수석침류(漱石沈流)

字解 양치질 수 漱 · 돌 석 石 · 베개 침 沈 · 흐를 류 流

語義 돌로 양치질하고 흐르는 물로 베개 삼는다.

解義 실수를 인정하지 않고 억지를 부린다.

진(晉)나라 때 풍익(馮翊) 태수를 지낸 손초(孫楚)라는 사람이 있었습니다. 그는 문학적 재능이 뛰어나고 임기응변에 매우 능했습니다. 당시 사람들은 오랜 전쟁으로 인하여 피로감이 쌓여서 자연을 벗 삼아 사회를 풍자하며 살고자 하는 사람들이 많았습니다. 대표적 인물로 죽림칠현(竹林七賢)인 완적, 산도, 혜강, 향수, 유영, 완함, 왕융 등이 있었습니다. 이들은 대나무 숲으로 들어가 은둔 생활을 하면서 거문고를 타고, 술을 마시며 혼탁한 세상을 벗어나 청담(淸談)으로 친구들과 함께 세월을 보냈습니다. 주로 노자(老子)와 장자(莊子)의 무위자연(無爲自然) 사상에 심취하여 사회를 풍자하고 방관적인 담론(談論)을 즐겼습니다. 지배 권력의 유가적 질서나 가르침을 조소하고 폭로하기도 하며 상식에 벗어나는 언동을 하기도 했습니다.

손초도 그런 풍조를 닮고 싶어서 산림(山林)에 들어가 은거(隱居)하기로 작정하고 친구인 왕제(王濟)에게 마음속에 있는 말을 털어놓았습니다. 그런데 '돌을 갈아 베개 삼아 눕고 흐르는 물로 양치질한다.'는 '침석수류(枕石漱流)'라고 해야 할 말을, '돌로 양치질하고 흐르는 물로 베개 삼는다.'는 '수석침류(漱石沈流)'라고 잘못 말했습니다. 그 말을 듣고 왕제가 말했습니다.

"흐르는 물을 어떻게 베개로 벨 수 있는가? 그리고 돌로 어떻게 양치질을 할 수 있다는 말인가?"

자존심이 강하고 글재주가 뛰어난 손초가 대답했습니다.

"흐르는 물에 베개로 삼는 것은 옛날의 은둔 지사였던 허유(許由)처럼 쓸데없는 소리를 들었을 때 귀를 씻으려는 것이고, 돌로 양치질을 하는 것은 이를 연마(研磨)하기 위한 것일세."

이 이야기는 원래 손초가 침석수류(枕石漱流)라고 해야 할 말을 실수하여 수석침류(漱石沈流)라고 말하고 끝내 잘못을 인정하지 않고 임기응변으로 둘러댔다는 이야기에서 유래했습니다. 자신의 실수를 인정하지 않거나, 남에게 지기 싫은 마음이 강하여 억지를 부리는 것을 비유하는 말로 쓰입니다.

삶의 지혜(智慧)

프랑스를 대표하는 최고 작가이며 서양 문학사에 가장 영향력 있던 빅토르 위고는 사람이 살아가는 데 세 가지 싸움이 있다고 했습니다.

첫째는 자연과 인간의 싸움입니다. 자연은 우리에게 따뜻한 어머니 이기도 하지만 때로는 도전자이기도 합니다. 그래서 인간은 자연과 싸움에서 이기기 위해 끊임없이 도전하고 투쟁하며 살아왔습니다. 자연을 이용하고 지배하며, 정복하기 위해 기술을 발전시키고, 기계를 만들어 내며 싸웠습니다.

둘째는 인간과 인간의 싸움입니다. 나라와 나라 사이의 전쟁, 민족과 민족 간의 전쟁, 민주 세력과 공산 진영과의 전쟁에 이르기까지 많은 싸움이 있습니다. 이러한 싸움은 생존을 위해 싸우기고 하고 정의를 위해 싸우기도 합니다. 우리는 이러한 싸움을 원치 않지만 생존을 위한 싸움이기 때문에 반드시 승리해야 합니다. 승리하지 않으면 죽음이며 자멸을 의미합니다.

셋째는 자기와 자기와의 싸움입니다. 용감한 나와 비겁한 나, 커다란 나와 조그만 나, 너그러운 나와 옹졸한 나, 부지런한 나와 게으른 나, 의로운 나와 불의의 나, 참된 나와 거짓된 나, 이 두 자아(自我)가 항상 자신의 마음속에서 싸우고 있다는 것입니다. 그래서 이 싸움이 있기 때문에 영광이며 비극의 원천이 되기도 한다고 했습니다.

빅토르 위고는 자연과 인간과의 싸움을 기리기 위해 『바다와 노동자』

라는 작품을 썼으며, 인간과 인간의 싸움인『93년』을 썼고, 자신과의 싸움을 기린『레미제라블』을 썼습니다.

자기 자신을 이긴다는 것은 말과 같이 쉬운 일이 아닙니다. 이익이 눈앞에 있고 주위의 많은 유혹들이 있기 때문입니다. 인도의 철학자이며 종교개혁자인 타고르(Tagore)는 자기 관리에 매우 엄격했습니다. 제자가 어떤 사람이 인생의 승리자인지 묻자, 그는 '자기를 이기는 사람'이라고 했습니다. 제자가 다시 "자기를 이기는 사람이 되기 위해서 어떻게 해야 합니까?"하고 질문하자 타고르가 답했습니다.

"너희는 매일 자신에게 다섯 가지 질문을 하여라. 오늘은 어떻게 지냈는가? 어디에 갔었는가? 어떤 사람을 만났는가? 무엇을 하였는가? 무엇을 잊어버렸는가? 이것이 자기를 이기게 하고 인생을 살리는 길이다."

나는 오늘 자신을 이기기 위해서 얼마나 열심히 살았는지 되돌아보고 성찰(省察)해 보아야 합니다.

59 철면피(鐵面皮)

字解 쇠 철 鐵 · 얼굴 면 面 · 가죽 피 皮

語義 얼굴이 쇠가죽 같다.

解義 염치없고 뻔뻔스러운 사람.

송(宋)나라에 양광원(楊光遠)이라는 사람이 있었습니다. 그는 진사 (進士)시험에 합격하여 관리가 되었으나 출세욕이 워낙 강해 수단과 방법을 가리지 않고 온갖 아첨을 일삼았습니다.

어느 날 높은 벼슬을 하는 사람이 시(詩)를 한 수 지어 읊었습니다. 그 시는 뛰어난 시도 아니고 누구나 지을 수 있는 그저 평범한 시였습니다. 양광원은 입에 침도 바르지 않고 시를 칭찬하기 시작했습니다.

"참 대단한 시입니다. 이런 시는 난생 처음 들어 봅니다. 이태백도 감히 미치지 못하는 고상하고 품위 있는 신비스러움이 감도는 시입니다. 이와 같이 훌륭한 시를 짓다니 어르신은 하늘이 내려 주신 시인이십니다."

또 한번은 높은 권세를 가진 자가 잔치를 벌였습니다. 그는 포악하고 술버릇이 나빠서 술에 취하면 사람들을 사정없이 때리는 버릇이 있었습니다. 술자리가 무르익자 거나하게 취한 권력자가 갑자기 매를 들고 양광원에게 소리쳤습니다.

"내가 그대를 때리고 싶은데 어떻게 하겠는가?"

주위는 갑자기 조용해지고 사람들은 겁에 질려 벌벌 떨었습니다. 그러자 양광원은 주저 없이 그 앞에 엎드리며 말했습니다.

"어르신 매라면 언제든지 기쁘게 맞겠습니다. 원하시는 대로 때려 주십시오."

"허허, 참 별난 놈이구나. 그렇게 맞고 싶으냐. 내 한번 시원하게 때려 주마."

술에 취한 그는 사정없이 양광원에게 매질을 했습니다. 그래도 그는 조금도 아픈 기색을 하지 않고 온갖 듣기 좋은 말로 그의 비위를 맞추었습니다. 이 광경을 본 친구가 꾸짖었습니다.

"자네는 부끄럽지도 않은가? 이렇게 많은 사람들 앞에서 그런 모욕을 당하고도 아부를 하고 싶은가?"

그러나 양광원은 조금도 개의치 안고 태연하게 말했습니다.

"이런 때 높으신 어른께 잘 보여서 출세(出世)할 수 있다면 나쁠 것도 없지 않겠는가?"

그때부터 사람들은 그를 가리켜 "양광원의 얼굴은 두껍기가 열 겹의 철갑을 두른 것 같다(鐵面皮)."고 하며 비웃었습니다.

'철면피(鐵面皮)'는 대부분 '매우 염치가 없고 뻔뻔스러운 사람'이란 뜻으로 부정적 의미로 쓰이지만, 강직한 사람, 준엄한 사람이란 뜻의 긍정적 의미로 사용하기도 합니다.

60 강안(强顔)

字解 강할 강 强 · 얼굴 안 顔
語義 강한 얼굴.
解義 수치를 모르는 뻔뻔스러운 사람.

제(齊)나라 무염읍(無鹽邑)에 종리춘(鍾離春)이란 여자가 있었습니다. 그녀는 머리, 코, 눈, 목, 허리 등 어느 곳 하나 여자다운 모습을 찾아볼 수 없는 추녀(醜女)였습니다. 생김새가 이러하니 받아 주는 이가 없어서 출가(出嫁)할 수가 없었습니다.

어느 날 그녀는 옷을 잘 차려입은 뒤 왕궁을 찾아 성문을 지키는 수문장에게 다음과 같은 말을 전해 달라고 요청했습니다.

"저는 제나라에서 온 여자인데 아무도 저를 받아 주지 않습니다. 대왕께서는 성스러운 덕을 행하신다고 들었습니다. 그 은덕에 보답하고자 후궁(後宮)으로 들어가 청소라도 하면서 대궐의 외문(外門)에서 절이나 할 수 있기를 원하오니 부디 허락해 주시기 바랍니다."

수문장은 그녀가 너무 추녀였기 때문에 깜짝 놀랐으나 일단 왕에게 그녀의 모습과 말을 전했습니다.

선왕(宣王)은 그때 점대(漸臺)에서 술을 마시고 있었는데 주위에 있던 모든 사람들이 이 말을 듣고 웃으며 말했습니다.

삶의 지혜를 배우는 고사성어

"천하에 두꺼운 얼굴을 가진 여자로다(强顔)."

선왕은 기이한 일이어서 그녀를 불러 말했습니다.

"그대는 향리(鄕里)의 평민들에게 출가하려 하지 않고, 임금을 구하고 있으니 무슨 특별한 재주라도 있는 것이요?"

그녀는 "은신술(隱身術)에 능합니다." 하고 홀연히 사라졌습니다.

다음 날 선왕은 종리춘을 불러 은신술에 대해 이야기를 하자, 그녀는 대답도 하지 않고, "위태롭다! 위태롭다!" 하며 네 번 무릎을 쳤습니다. 선왕이 궁금하여 위태로움이 무엇이냐고 묻자 그녀가 대답했습니다.

"첫째는, 지금 대왕께서 나라를 다스리는데 서쪽의 진나라는 연횡책(連橫策)을 추진하고, 남쪽의 초나라는 원수가 되어 있으니 두 나라에 대한 어려움이 있습니다. 또한 대왕의 춘추가 마흔인데 태자를 세우지도 않고 부인들에게만 마음을 쓰고 계시니 큰 사태가 발생하면 사직(社稷)이 불안정합니다. 둘째는, 5층 점대를 세우고 황금과 백옥, 낭간(琅玕), 비취(翡翠), 주기(珠璣) 등으로 장식하고 있으니 온 백성들은 극도로 지쳐 있습니다. 셋째는, 현명한 인재는 산속으로 숨어 버리고 아첨하는 자들이 대왕의 좌우에 버티고 있으니, 충언(忠言)해도 통하지 않습니다. 넷째는, 왕께서 주색(酒色)에 빠져 밤낮으로 무녀와 악사들은 웃어대고, 밖으로 제후의 예를 다하지 않고 있으며, 안으로는 나라를 다스리지 못하고 있습니다. 그래서 위태롭다고 하며 무릎을 네 번 친 것입니다."

종리춘이 나라의 위기를 말하며 이유와 대책을 말하자 선왕은 크게 탄식하며 말했습니다.

"진정 나의 아픈 곳을 찌르는 말이도다! 내 오늘에서야 비로소 훌륭한 말을 듣게 되었다. 나는 이제 그대의 말을 모두 받아들이겠다."

 선왕은 종리춘이 지적한 대로 간신들을 파면하고, 점대를 철거하였으며, 가무(歌舞)를 중지시킨 후 나라 일에 힘을 기울였습니다. 그리고 그녀를 무염군(無鹽君)이라 칭하고 정식으로 왕후로 책립했습니다. 제나라가 부국강병(富國强兵)이 된 것은 모두가 이 못생긴 여자의 공로였습니다.

삶의 지혜(智慧)

송(宋)나라에 전중시어사(殿中侍御史)인 조변(趙卞)이라는 사람이 있었습니다. 조변은 정직하고 강직하여 관리들을 적발하는데 권세를 두려워하지 않았으며, 황제의 총애를 받는 사람도 부정을 적발했습니다. 그래서 사람들은 그를 철면어사(鐵面御史)라고 불렀습니다. 그가 관리들의 잘못을 바로잡아 나아가자 시기하는 신하들의 미움을 받아 외지인 목주(睦州) 태수로 발령을 받고, 후에 익주(益州) 태수로 자리를 옮기게 되었습니다. 익주는 송나라 변방 지역으로 '하늘은 높고 황제는 멀다.'는 곳으로 조정의 영향력이 미치지 못하는 곳이었습니다. 이곳에 도착하여 보니 관리들은 법을 마음대로 조작하고, 서로 향응을 제공하면서 부정부패를 일삼고 있었습니다. 조변은 자신이 본보기가 되어 바르게 업무를 처리하며 관가(官家)의 기풍(氣風)을 바로잡아 갔습니다. 이에 백성들은 매우 기뻐하고, 부패한 관리들은 순종하였습니다.

6대 황제인 신종(神宗)은 즉위하자 조변을 불러 감찰 업무를 맡도록 하며 이렇게 말했습니다.

"그대는 촉주자사(蜀州刺史)로 부임하면서 가지고 간 물건은 거문고 하나와 학 한 마리뿐이었다(一琴一鶴). 청렴결백한 다스림은 칭찬 받을 만하다."

이와 같이 철면(鐵面)이라는 말은 긍정적 의미로 쓰이기도 합니다.

철면어사는 공평하게 법률을 지키는 강직한 성격의 소유자를 비유하는
말입니다.

오늘날 정치인이나 공직자 중에는 염치없이 행동하는 사람들이 많습
니다. 자신의 이익을 저울질하며 윗사람 눈치만 보는 사람이 있는가 하
면, 잘못이 있으면 인정치 않고, 작은 공(功)이라도 있으면 치켜세우기
에 급급합니다. 이와 같은 사람들이 늘어 가면 사회는 어두워지고 혼란
스러워집니다. 군림하지 않고 진정으로 나라를 위해 최선을 다하는 정
치인, 대화와 소통으로 서로를 인정하는 리더, 책임감을 가지고 맡은 바
일에 열정을 다하는 공직자, 국민 모두가 보고 싶어 하는 바람입니다.

**열정을 가지고 자신의 뜻을 당당히 펼칠 줄 아는 사람이 진정으로 아
름답습니다.**

61 호가호위(狐假虎威)

字解 여우 호 狐 · 빌릴 가 假 · 호랑이 호 虎 · 위엄 위 威
語義 여우가 호랑이의 위세를 빌리다.
解義 다른 사람의 권세를 빌려 허세를 부린다.

초(楚)나라 선왕(宣王) 때 소해휼(昭奚恤)이란 재상이 있었습니다. 북방의 여러 나라들은 실권을 장악하고 있는 그를 몹시 두려워하고 있었습니다. 소해휼의 힘이 강해지자 선왕은 그를 견제하기 위해 위나라 선비 강을(江乙)이란 사람을 등용했습니다. 어느 날 선왕이 여러 신하들을 불러놓고 물었습니다.

"들자 하니, 위나라를 비롯하여 북쪽의 여러 나라들이 재상 소해휼을 두려워하고 있다는데 그 말이 사실이오?"

그러나 신하들은 누구 하나 대답하는 사람이 없었습니다. 사실을 잘못 이야기했다가 선왕의 분노를 살까 두려웠기 때문입니다. 그때 강을이 나와 대답했습니다.

"전하, 그렇지 않습니다. 어찌하여 한 나라의 재상에 불과한 소해휼을 두려워할 일이 있겠습니까. 이런 이야기가 있습니다. 옛날 어느 깊은 산속에 호랑이 한 마리가 온갖 짐승을 잡아먹으며 살고 있었습니다. 그러던 어느 날 호랑이가 여우 한 마리를 잡아서 먹으려고 하자 갑자기 여우가 큰 소리로 말했습니다.

"잠깐 기다려라! 너는 나를 잡아먹을 수가 없다. 천제께서 얼마 전에 나를 모든 짐승의 우두머리로 삼으셨다. 지금 나를 잡아먹으면 너는 천제의 명을 어긴 죄로 큰 벌을 받을 것이다. 나를 믿지 못하겠거든 내 뒤를 따라와 보거라. 나를 보고 무서워서 달아나지 않는 짐승은 없을 것이다."

여우는 당당하게 호랑이의 앞을 걸어갔습니다. 호랑이는 고개를 갸웃거리며 여우의 뒤를 따라가다가 깜짝 놀랐습니다. 여우가 나타나자 늑대, 들개, 살쾡이, 오소리, 꿩, 사슴 등 온갖 짐승들이 벌벌 떨며 달아났습니다. 호랑이는 자기가 두려워 달아나는 줄도 모르고 여우가 두려워 달아나는 줄 알았던 것입니다. 북방의 모든 나라들이 소해휼을 두려워하는 것은 이 이야기와 같습니다. 지금 전하께서는 국토가 사방 오 천 리나 되는 땅에 백만이나 되는 막강한 군대를 소해휼 한 사람에게 맡겨두고 계십니다. 소해휼을 두려워하는 것이 아니라 사실은 전하의 뒤에 있는 막강한 군대를 두려워하고 있는 것입니다. 마치 짐승들이 여우 뒤의 호랑이를 두려워하고 달아나는 것과 같습니다(狐假虎威)."

강을은 북쪽의 여러 나라들이 두려워하는 것은 소해휼이 아니라 선왕이라는 사실을 일깨워 주었습니다. 그리고 권력은 본래 왕의 것이니 이를 분명히 해야 한다고 말했습니다.

이렇듯 '호가호위(狐假虎威)'는 강을이 선왕에게 들려준 여우의 우화에서 유래했습니다. '여우가 호랑이의 위세를 빌리는 것처럼 남의 권세를 이용하여 위세를 부리는 것'을 말합니다.

62 수상개화(樹上開花)

字解　나무 수 樹 · 위 상 上 · 열 개 開 · 꽃 화 花

語義　나무 위에 꽃을 피운다.

解義　실제보다 세력이 강하게 보이도록 만든다.

　전국시대 연나라는 제나라를 공격하여 70개의 성을 빼앗은 후 즉묵성(卽墨城)을 포위했습니다. 그때 성안의 사람들은 전단(田單)이란 사람이 현명하고 병법에 능한 사람임을 알고 장군으로 추대했습니다.

　장군이 된 전단은 군대의 수가 절대적으로 부족하여 고민하다가 백성들의 민심을 안정시키고 승리에 대한 확신을 심어 줄 필요가 있다고 생각했습니다. 그래서 먼저 성안의 사람들에게 매일 집안 뜰에 새들의 먹이를 놓아서 새떼가 성안에 모이도록 했습니다. 하늘에 날던 새들이 제나라 성안으로 몰려들자 연나라 군사들은 하늘의 운이 제나라에 따른다고 생각했습니다. 이어서 첩자를 풀어 "전단은 연나라 군대들이 성 밖에 있는 무덤을 파헤쳐 조상들을 욕되게 할까 몹시 두려워한다."는 소문을 내게 했습니다. 이 이야기를 듣고 연나라 군사들이 제나라 사람들의 무덤을 파헤치자, 성 위에서 이를 지켜보고 있던 사람들은 울분을 터뜨리며 함께 싸우기를 자처하면서 반드시 승리할 것을 결의하였습니다.

　전단은 병사들의 대오를 정비하여 전투 준비를 한 뒤 본격적으로 작전을 펼쳤습니다. 먼저 성안의 소 일천 마리를 모아서 용의 무늬가 그려진 비단을 입힌 뒤 뿔에 날카로운 칼날을 달았습니다. 그리고 기름을 먹인 꼬리에 갈대를 메달아 불을 붙여 한밤중에 꽹과리를 치며 적직을 향해 돌진시키며 오천여 명에 이르는 군사들로 하여금 맹렬히 공격하도록 했습니다. 여기에 성안의 모든 사람들이 북을 치고, 구리 그릇을 두들기며 함성을 지르자, 그 소리가 천지를 뒤엎는 듯했습니다. 그 위용(威容)에 놀란 연나라 군사들은 제대로 싸워 보지도 못하고 진용이 흐트러지며 도망치기에 바빴습니다.

전투에서 대승을 거둔 제나라는 이 싸움이 계기가 되어 연전연승(連戰連勝)하며 연나라에 빼앗긴 70개의 성을 다시 찾았습니다.

위 이야기는 원래 전단이 쇠꼬리에 불을 붙여 적군을 공격한 '화우지계(火牛之計)'의 계책에서 유래했습니다. 허위로 진영을 부풀려 실제보다 세력이 강대하게 보이는 계책으로『손자병법(孫子兵法)』삼십육계(三十六計)의 29계인 '수상개화(樹上開花)'를 예로 사용했습니다.

삶의 지혜(智慧)

중국 청나라에 화신(和珅)이라는 사람이 있었습니다. 그는 금군(禁軍)이 되어 건륭제를 호위하다가 총독(總督)의 손녀와 결혼했습니다. 만주어, 몽골어, 티베트어 등 외국어에 능통하였고, 아첨하는 솜씨가 좋아 건륭제의 총애를 받았습니다.

이와 같은 배경으로 32세에 젊은 나이에 승진을 거듭하며 나라의 국고를 책임지는 호부상서(戶部尙書)가 되었습니다. 국고의 관리자가 되자 그는 지방의 관리들에게 횡령 사건이 발생하면 일정 액수의 돈을 지불하게 하여 죄를 사면하는 방식으로 자신의 재산을 늘려 갔습니다. 이것도 모자라 평민들에게 정부대신 지세를 징수하고 관리들과 결탁하여 뒷돈을 착복했습니다.

장남이 건륭제(乾隆帝)의 막내딸과 혼인하자 그는 더욱 더 무소불위(無所不爲)의 권력을 휘두르게 되었습니다. 대신들에게 뇌물을 받는 것은 물론 황제에게 올리는 진귀한 물건들을 중간에 빼돌렸습니다. 또한 이러한 일로 조정의 대신들이 탄핵하지 하지 못하도록 자신의 파당(派黨)으로 끌어들였습니다.

건륭제가 죽자 최고의 권력자가 된 가경제(嘉慶帝)는 부정부패의 원상인 화신을 혐오하며 가택(家宅)을 수색하고 비리를 밝혀 파직시켰습니다. 그리고 20개 죄목을 발표한 후, 화신의 모든 재산을 몰수하여 국고로 환수했습니다.

가경제는 화신을 스스로 자결하도록 명령하여 그는 비참한 모습으로 일생을 마쳤습니다.

　그가 횡령한 재산은 무려 9억 냥이 넘었으며 이는 청나라 총 예산의 12년 세수를 뛰어 넘는 엄청난 액수였습니다.

　"바다는 메워도 사람의 욕심은 못 메운다."는 속담이 있습니다. 사람의 욕심은 끝이 없습니다. 그래서 불교에서는 인간을 병들게 하는 세 가지 독(毒)을, 성냄, 어리석음, 욕심이라고 했습니다. 지나친 욕심은 화를 불러일으키고, 화는 자신을 파멸의 길로 가게 합니다. 권력을 등에 업고 허세를 부리는 것도, 다른 사람을 의지하여 호가호위(狐假虎威)하며 떠들어 대는 것도 모두가 욕망 때문입니다.

욕심을 비우면 행복해지고 인생의 참된 길이 보입니다.

제5장

상황에 대처하는
슬기로운 자세

63 교토삼굴(狡兔三窟)

字解 간교할 교 狡 · 토끼 토 兔 · 석 삼 三 · 굴 굴 窟

語義 슬기로운 토끼는 세 개의 굴을 파 놓는다.

解義 나중에 있을 위험에 대비해 미리 준비를 한다.

전국시대(戰國時代) 제(齊)나라에 맹상군(孟嘗君)이라는 재상(宰相)이 있었습니다. 그는 자신의 설(薛) 땅에 가서 백성들에게 빌려준 돈을 받아 올 생각이었습니다. 그때 식객으로 있던 풍환(馮驩)이라는 사람이 자청하므로 그를 보내기로 했습니다. 풍환이 맹상군에게 물었습니다.

"빚을 다 받으면 무엇을 사 올까요?"

"우리 집에 무엇이 부족한가를 보고 그것을 사 오도록 하시오."

풍환은 설에 도착하자 빚이 있는 사람들을 모두 불러서 문서를 확인하고 말했습니다.

"맹상군께서 여러분에게 돈을 빌려준 까닭은 가난한 백성들이 생업(生業)에 힘쓰도록 하기 위함입니다. 조금 형편이 나은 사람에게는 기한을 정해 주고, 가난한 사람에게는 빚 문서를 모두 태워서 없는 것으로 하라고 말씀하셨소."

그렇게 말하고 가난한 사람들의 빚 문서를 모조리 불태워 버렸습니다. 그러자 사람들은 만세를 부르며 기뻐하고 절을 하며 눈물을 흘렸습

삶의 지혜를 배우는 고사성어

니다.

아무것도 없이 빈손으로 돌아온 풍환을 보고 맹상군이 화를 내자 풍환이 말했습니다.

"주군(主君)이 빚을 독촉하여 이익을 탐한다면 백성들을 사랑하지 않는다는 것이며 주군의 명성에도 크게 누를 끼치게 됩니다. 이제 백성들에게 은혜와 의리를 얻었으니 훌륭한 명성이 만 천하에 드러나게 될 것입니다."

그 후 1년이 지나자 제나라 민왕(湣王)은 진나라와 초나라의 비방에 현혹되어 맹상군을 재상의 자리에서 물러나게 했습니다. 그러자 삼천 명이나 되는 식객들도 모두 떠나고 맹상군 혼자 쓸쓸히 남게 되었습니다. 풍환은 맹상군에게 잠시 설(薛)에 가서 살 것을 권유했습니다. 설에 들어서자 수많은 고을 백성들이 나와서 그를 반갑게 맞이하여 주었습니다. 맹상군은 감격하여 풍환의 손을 잡고 말했습니다.

"오늘에서야 선생이 은혜와 의리를 얻었다고 한 깊은 뜻을 이해하겠소."

풍환이 웃으면서 말했습니다.

"슬기로운 토끼는 굴을 세 개나 파 놓습니다(狡兔三窟). 이 설은 하나의 굴에 불과합니다. 앞으로 두 개의 굴을 마저 뚫어 드리겠습니다."

그리고 곧바로 위(魏)나라에 가서 혜왕(惠王)을 설득했습니다.

"전하, 맹상군은 덕이 높고 재능이 있는 훌륭한 인재입니다. 그를 등용하시면 나라가 강성해질 것이며 많은 제나라 땅도 얻게 될 것입니다. 예물을 보내시어 맹상군을 맞이하시고 시기를 놓치지 마십시오."

위왕은 맹상군의 명성에 대해 잘 알고 있는 터라 자신의 사람으로 만들겠다는 생각으로 여러 차례 많은 황금과 보화를 보냈습니다. 그때마다 맹상군은 풍환의 말에 따라 거절했습니다. 이 소문을 들은 제나라 민왕은 맹상군과 같은 뛰어난 인재가 위나라에 가면 큰일이라고 생각했습니다. 그래서 사자(使者)를 보내 자신의 잘못을 사과하고 다시 재상으로 불러들였습니다. 이것이 두 번째 굴이었습니다.

　　그다음 풍환은 제나라 선대의 종묘(宗廟)를 맹상군이 다스리는 설에 세우도록 했습니다. 종묘는 역대 국왕들과 왕후들의 신주(神主)를 모시고 제례(祭禮)를 봉안(奉安)하는 중요한 사당(祠堂)입니다. 그래서 왕의 마음이 변해도 맹상군을 해치지 못할 것이라는 생각에서였습니다. 이것이 세 번째 굴이었습니다.

　　맹상군은 풍환이 마련하여 준 세 개의 굴 때문에 오랫동안 위험에 빠지지 않고 제나라 재상을 지내며 순조롭게 정사를 돌볼 수 있었습니다.

　　'교토삼굴(狡免三窟)'은 '갑작스러운 어려운 일에 대비하여 미리 준비를 해야 한다.'는 것을 가리키는 말입니다. '불확실한 미래의 위기나 재난에 대비해 미리 준비해 놓으면 근심이 없고 안심할 수 있다.'는 뜻입니다.

64 유비무환(有備無患)

字解 있을 유 有 · 갖출 비 備 · 없을 무 無 · 근심 환 患

語義 준비가 있으면 근심할 것이 없음.

解義 무슨 일이든 미리 준비해 두면 근심할 일이 없다.

유비무환(有備無患)은『서경(書經)』의「열명(說命)」편에 나오는 말로 은(殷)나라 무정(武丁)이 부열(傅說)이란 어진 재상을 임명하는 과정과 그의 의견을 쓴 글에서 유래되었습니다.

중국 최초의 왕조인 은(殷)나라 소을제(小乙帝)가 죽자 그의 아들 무정(武丁)이 뒤를 이었습니다. 무정은 나라를 부흥시키기 위해 널리 현인(賢人)을 구했으나 찾을 수가 없었습니다.

어느 날 무정(武丁)은 꿈에 열(說)이라고 하는 성인(聖人)을 만났습니다. 다음 날 무정은 꿈에서 본 열을 찾기 위해 신하와 관리들을 두루 살폈으나 그 성인을 닮은 사람은 없었습니다. 그리하여 전국 각지에 관리를 보내어 찾는 중에 부험(傅險)이라는 곳에서 노예 신분으로 노역(勞役)을 하고 있는 열(說)을 찾았습니다. 무정이 열을 불러 대화를 해보니 과연 그는 훌륭한 성인이었습니다. 무정은 열을 나라의 재상으로 삼고 부험(傅險)에서 찾았다고 해서 부열(傅說)이라고 부르게 했습니다. 부열이 재상의 자리에 오르면서 무정에게 글을 올렸습니다.

"옳다고 생각되시면 이를 행동으로 옮기되 시기를 적절하게 선택하십시오. 내가 옳다고 여기면 옳음을 잃게 되고, 스스로 유능하다고 자랑을 하면 그 공을 잃게 되는 법입니다. 모든 일에는 다 갖춘 것이 있는 법이니, 갖춘 것이 있어야만 근심 걱정이 없을 것입니다(有備無患). 내가 사랑하는 자가 무능하면 다른 사람으로부터 업신여김을 받고, 자신의 잘못을 인정하지 않고 부끄럽게 여기지 않는다면 더 큰 잘못을 저지르게 됩니다. 군주(君主) 스스로 안정된 지위를 유지하면 나라의 일은 순조롭게 진행될 것입니다."

유비무환(有備無患)은 '준비가 있으면 근심할 것이 없다.'는 뜻입니다. 위태로운 때를 생각하여 준비가 있어야 하고, 충분한 준비가 있으면 걱정할 일이 없을 것이라는 말입니다.

삶의 지혜(智慧)

공자(孔子)의 제자 자로(子路)가 스승에게 왜 힘든 공부를 해야 하느냐고 물었습니다. 공자가 대답했습니다.

"공부란 태평(太平)할 때 군인이 칼을 가는 것과 같다. 태평할 때 칼을 갈아 두지 않으면 갑자기 적이 쳐들어오면 칼을 갈 수 없다. 앞으로 닥칠 세상에 대해 미리 슬기롭게 대처하자는 것이다. 또 공부는 바쁜 농사철이 오기 전에 우물을 파고 둑을 쌓고 농기구를 마련하는 것과 같다. 한가한 겨울철에 미리 우물을 파 놓으면 가물어도 논밭에 물을 대고 짐승에게 먹이고 사람들이 물 걱정을 하지 않아도 된다. 또 강가에 둑을 튼튼히 쌓으면 장마가 닥쳐도 걱정이 없다. 농기구를 미리 준비하면 봄에 삽과 괭이로 논밭을 갈아 씨앗을 뿌리고, 호미로 김을 매고 낫으로 곡식을 거두어 큰 풍작을 맞을 수 있다. 공부에는 때가 있다. 어려서 기회를 놓치면 돌이키기 어려운 것이다."

무슨 일이든 다가올 위험에 대비하여 준비하면 근심 걱정할 일이 없습니다. 하지만 미래는 예측할 수 없기 때문에 누구에게나 예기치 않은 위기가 닥쳐올 수 있습니다. 위기는 극복하지 못하면 모든 것을 잃을 수 있지만, 이를 잘 극복하면 큰 기회로 만들 수 있습니다.

위대함은 역경(逆境)을 이겨 낼 수 있다는 흔들림 없는 마음가짐에 달려 있습니다.

65   기호지세(騎虎之勢)

字解   말 탈 기 騎 · 호랑이 호 虎 · 의 지 之 · 형세 세 勢

語義   호랑이를 타고 달리는 형세.

解義   이미 시작한 일을 중도에서 그만둘 수 없는 상황.

중국 남북조시대(南北朝時代) 북주(北周)에 양견(楊堅)이란 사람이
있었습니다. 그는 한족(漢族)의 무관(武官) 출신으로 북제(北齊)를 정
복하기 위한 전쟁에서 많은 공을 세웠습니다. 그 공로로 자기 딸을 황태
자에게 출가(出嫁)시켜 태자가 황위에 오르자 큰 권력을 휘두르게 되었
습니다. 양견은 일찍이 한족 땅이 이민족인 오랑캐에게 점령당한 것을
몹시 분하게 여기며 언젠가는 빼앗긴 땅을 되찾고 천하를 통일하겠다
는 큰 뜻을 품고 있었습니다.

'기회만 온다면 반드시 한족(漢族)의 천하로 만들 것이다.'

마음속으로 양견은 몇 번이고 다짐을 했습니다. 그러던 중 선제(宣
帝)가 36세의 나이에 병으로 죽자, 손자인 정제(靜帝)가 즉위했습니다.
당시 재상이었던 양견은 즉시 궁궐에 들어가 나랏일을 총괄했습니다.

북주의 실질적인 권력을 손에 쥐고 있던 양견은 한족 출신 대신들과
부인의 세력을 규합하여 황제가 될 것을 모의했습니다. 이때 남편이 대
망(大望)의 뜻을 품고 일을 꾀하고 있다는 사실을 안 아내 독고(獨孤)는

삶의 지혜를 배우는 고사성어

사람을 시켜 남편에게 편지를 전했습니다.

"당신은 이미 호랑이 등에 올라탄 처지니 도중에 내릴 수 없는 상황이 되었습니다(騎虎之勢). 이제 중도에서 내리면 잡아먹히고 말 것이니 호랑이와 함께 마지막까지 가지 않으면 안 됩니다. 이미 대사(大事)를 일으키시고자 시작한 이상 도중에 꺾여서는 아니 됩니다. 반드시 목적을 달성할 수 있도록 힘쓰십시오."

이에 용기를 얻은 양견은 격렬하게 저항하는 황제 측 세력을 제거하고 정권을 차지하는 데 성공했습니다. 정제가 제위를 선양한다는 조서를 내리자, 양견은 황제의 자리에 오른 뒤 자신을 '문제(文帝)'라 하고 국호를 수(隨·581년)라고 했습니다.

그로부터 8년 후(589년), 문제는 남조(南朝) 최후의 왕조인 진(陳)나라를 멸망시키고 중국의 천하 통일을 이루었습니다.

'기호지세(騎虎之勢)'는 '호랑이 등에 올라탄 형세'라는 뜻입니다. '한번 벌여 놓은 일을 도중에 그만둘 수 없는 형편'을 이르는 말로 쓰이고 있습니다. 어떤 상황을 만들어 낸 결정에 대하여 이야기하기보다는, 결정으로 인하여 그 상황 자체가 위태롭기 때문에 물러설 수 없는 난처함을 표현하는 성어(成語)입니다.

66 진퇴양난(進退兩難)

字解   나아갈 진 進 · 물러날 퇴 退 · 두 양 兩 · 어려울 난 難

語義   나아갈 수도 없고 물러설 수도 없음.

解義   나아가지도 못하고 물러서지도 못하는 난처한 처지.

진(晉)나라에 이밀(李密)이란 사람이 있었습니다. 이밀은 태어 난지 6개월 만에 아버지를 잃고 네 살 때 어머니가 개가(改嫁)하여 조모(祖母) 유 씨의 손에서 자랐습니다. 그는 조모에 대한 효성이 누구보다도 지극했습니다. 진무제(晉武帝)는 이밀의 학문과 인품을 높이 사서 태자 세마(太子洗馬)로 임명하려고 했습니다. 그런데 이밀은 아흔이 넘는 조모가 있어 황재의 명을 따를 수가 없어 난처한 처지에 놓였습니다. 그래서 자신의 사정을 진무제에게 글로 올렸습니다. 내용을 요약하여 보면 다음과 같습니다.

"지금 저를 길러 주신 조모(祖母) 유 씨가 서산에 해가 지려하듯 목숨이 위급합니다. 저는 조모가 없었더라면 오늘에 이를 수 없었을 것이고, 조모께서는 제가 없으면 여생(餘生)을 마칠 수 없을 것이니 이에 걱정스러워 남겨 두고 멀리 갈 수가 없습니다.

신은 올해 마흔 네 살이고 조모는 아흔 여섯 살이니 조모를 봉양(奉

養)할 날이 짧습니다. 까마귀가 먹이를 물어다 늙은 어미에게 먹여 은혜를 갚듯이 조모가 돌아가시는 날까지 봉양하게 해 주시기 바랍니다. 신의 괴로움은 촉 지방 사람들뿐만 아니라 양주와 익주 사람들도 다 아는 바입니다. 바라건대 폐하께서 어리석은 정성을 가엾게 여기시어 신의 작은 뜻을 받아 주십시오. 조모께서 요행히 여생을 끝까지 보전하게 된다면 신은 살아서 목숨을 바칠 것이고 죽어서도 결초보은(結草報恩)할 것입니다. 삼가 절을 올리고 상주문(上奏文)을 올립니다."

진무제는 이 글을 읽고 이밀의 효심에 감동하여 관직에 임명하려던 뜻을 거두었습니다. 그리고 이밀로 하여금 조모를 잘 봉양 할 수 있도록 노비 두 사람을 하사하고, 군현(郡縣)으로 하여금 조모를 공양할 음식과 의복을 하사하도록 했습니다.

예로부터 이밀의 「진정표(陳情表)」는 중국 문학에서 서정문(緖正文)을 대표하는 작품 중의 하나입니다. 제갈량의 「출사표(出師表)」와 한유(韓愈)의 「제십이랑문(祭十二郎文)」과 함께 중국 3대 명문(名文)으로 알려져 있습니다. 제갈량의 「출사표」를 읽고 눈물을 흘리지 않는 자는 충신(忠臣)이 아니고, 이밀의 「진정표」를 읽고 눈물을 흘리지 않는 자는 효자(孝子)가 아니라고 했습니다.

삶의 지혜(智慧)

"루비콘강을 건너다."는 말이 있습니다. 루비콘강은 이탈리아 북동부에 위치한 길이 80km에 이르는 작은 강입니다. 로마 공화정 말기 정치가이자 장군이었던 율리우스 카이사르의 일화에서 나온 말입니다.

로마 황제 체제가 만들어지기 전에 삼두정치(參頭政治)의 시기가 있었습니다. 삼두정치는 세 명의 권력자가 통치하는 정치 체제로 로마 행정에서 특정 임무를 나누어 맡아 보았습니다.

1차 삼두 정치는 카이사르, 폼페이우스, 크라수스 세 사람을 말합니다. 카이사르는 갈리아 지역의 집정관(執政官)이었고, 폼페이우스는 지역에서 해군(海軍)을 전담하고 있었으며, 크라수스는 동부 지역의 총독(總督)으로 있었습니다.

크라수스가 전사(戰死)하자 이두정치(二頭政治)가 되었습니다. 폼페이우스는 카이사르의 세력이 커지자 그를 위험한 존재로 여겼습니다. 당시 카이사르는 집정관 연임 문제로 원로원과 갈등이 있었으나 로마군의 절대적인 지지를 받고 있었습니다. 폼페이우스는 원로원과 협력하여 카이사르에게 집정관을 해임하고 루비콘강에서 군대를 해산한 후에 로마로 귀국하라는 명령을 내렸습니다.

당시 군사들이 전쟁으로 나갔다가 루비콘 강을 건너 돌아올 때는 로마에 충성한다는 뜻으로 반드시 무장을 해제하도록 되어 있었습니다. 카이사르는 고민에 빠졌습니다. 로마로 가면 계략에 의해 죽을 수밖에 없고, 그렇다고 원로원의 명령을 어길 수도 없었습니다. 고심한 끝에 그는 "이미, 주사위는 던져졌다!"고 말한 후, 갈리아 원정군과 함께 루비콘강을 건너 로마로 진군했습니다. 로마에 당도한 카이사르는 폼페이우스와 정적들을 제압하고 최고 권력자가 되었습니다.

아무리 힘든 역경 속에서도 흔들림 없는 마음을 가지면 살아갈 방법은 있습니다. '진인사대천명(盡人事待天命)'이라고 했습니다. 자신이 할 수 있는 일에 최선을 다하고 하늘의 뜻을 받아들여야 한다는 말입니다. 어떤 어려운 일도 진실된 마음으로 정성을 다하면 위기를 극복할 수 있습니다.

어려움이 닥쳐오면 포기하지 말고 차분한 마음으로 문제의 해결 방안을 찾아야 합니다. 희망을 포기하면 모든 것을 잃게 됩니다.

67 누란지위(累卵之危)

字解 포갤 누 累 · 알 란 卵 · 어조사 지 之 · 위태할 위 危
語義 달걀을 쌓아 놓은 것처럼 위태롭다.
解義 매우 위태로운 형세.

전국시대 위(魏)나라에 범수(范雎)라는 사람 있었습니다. 그는 중대부(中大夫) 수가(須賈)의 문객(門客)으로 머리가 좋고 말솜씨가 매우 뛰어났습니다. 항상 마음속에는 세상에 나가 큰일을 하고 싶었지만 기회가 오지 않았습니다. 그러던 중 수가를 따라 제(齊)나라에 가게 되었습니다. 제나라에 도착한 수가는 좋은 성과를 내지 못했습니다. 그때 범수는 뛰어난 재치와 말솜씨로 왕과 대신들에게 깊은 인상을 주었습니다. 제나라 양왕(襄王)은 범수가 대단한 인물임을 알아보고 선물을 하사하자 수가는 기분이 몹시 상했습니다.

별 소득 없이 돌아온 수가는 도착하자마자 범수를 제나라와 내통하는 첩자라고 고하여 실패의 책임을 범수에게 뒤집어 씌워서 감옥에 가두었습니다. 감옥에 들어간 범수는 온갖 고문과 수모를 당했으나 유창한 말솜씨로 옥졸을 설득하여 감옥에서 도망쳤습니다. 그리고 절친한 친구 정안평(鄭安平)의 집에 숨어 살면서 이름을 장록(張祿)으로 바꾸고 다른 나라로 탈출할 기회만 노리고 있었습니다.

어느 날 정안평은 진(秦)나라에서 온 사신 왕계(王稽)에게 범수를 소개해 주었습니다. 여러 가지 이야기를 나누면서 그의 재능과 언변에 감탄한 왕계는 비밀리에 수레에 태워서 진나라로 데리고 와 범수를 소개했습니다.

"전하, 위나라 장록 선생은 말솜씨가 뛰어날 뿐만 아니라 지략이 대단한 선비입니다. 지금 선생은 진나라의 정치를 평하여 '달걀을 쌓아 올린 것처럼 위태롭다(累卵之危).'고 합니다. 선생을 기용하면 위기에서 벗어날 계책을 가지고 있다고 하니 관리로 삼아 백성들을 편안하게 하십시오."

진나라 소왕(昭王)은 범수를 믿지 못하고 객사에 머물도록 했으나 범수와 깊은 대화를 나눈 후 그의 재능이 비범함을 알고 중용(重用)했습니다. 범수는 외척을 몰아내고 왕권을 강화했으며, 먼 나라와 화친하면서 가까운 나라를 공격하는 '원교근공(遠交近攻)'의 계책으로 나라의 기틀을 튼튼히 했습니다. 그 후 범수는 재상이 되어 국정을 지혜롭게 운영하여 중국 통일의 바탕을 이루었습니다.

'누란지위(累卵之危)'는 '계란을 포개어 놓은 것처럼 매우 위태로운 형세'를 말합니다. 계란이 무너지기 전에 적절한 조치를 취하라는 경고의 의미가 있습니다.

68 백척간두(百尺竿頭)

字解   일백 백 百 · 자 척 尺 · 대줄기 간 竿 · 머리 두 頭

語義   백 자나 되는 장대 끝.

解義   아주 어렵고 위태로운 상황.

임상옥(林尙沃)은 조선시대 후기 중인 출신의 대표적인 거상(巨商)입니다. 그는 1821년 상단(商團)을 이끌고 대규모 인삼을 준비하여 북경(北京)에 들어갔습니다. 그때 청나라 상인들이 조선의 인삼을 싼값에 매입하기 위해 '불매운동(不買同盟)'을 맺어 일체 거래가 중단되었습니다. 조선 상인들은 사신(使臣)들이 귀국하기 전에 인삼을 팔아야 하기 때문에 불리한 입장에서 거래할 수밖에 없었습니다. 임상옥은 조선 상인들과 뜻을 모아 동맹에 맞서려고 했지만, 가격이 떨어지기 전에 인삼을 팔아야 한다는 생각에 따라 주지 않았습니다.

그러나 임상옥은 인삼은 반드시 제값을 받아야 한다는 굳은 신념이 있었습니다. 고민하던 임상옥은 사신(使臣)으로 온 추사(秋史) 김정희(金正喜) 선생을 찾아가 위기를 어떻게 풀어야 할지 물었습니다.

추사는 조금도 주저함이 살 수 있는 방법은 오직 한 가지뿐이라며 붓을 들어 글을 썼습니다.

삶의 지혜를 배우는 고사성어

百尺竿頭進一步 十方世界現全身

(백척간두진일보 시방세계현전신)

'백 척(百 尺)이 되는 장대 끝에서 한 걸음 더 나아가라. 그러면 새로운 세계의 모습을 보일 것.'이라는 말이었습니다. 깨달음을 얻은 임상옥은 청나라 상인들에게 널리 소문을 낸 후 인삼을 앞마당에 쌓아 두고 주저 없이 불을 질렀습니다. 그러자 몰래 그의 동정을 살피던 중국 상인들이 놀라서 불을 끄며 사과하고 제값에 사겠다고 했습니다. 중국 상인들은 담합도 잊어버린 채 서로 값을 올리기 시작하여 임상옥에게 은자(銀子)를 지불하고 조선 상인들이 가져온 인삼까지 모두 사 갔습니다. 이 사건으로 임상옥은 천문학적인 이익을 얻게 되어 조선의 거상(巨商)이 되었습니다. 또한 청나라 사람들은 오래도록 그를 기억하게 되었고, 국제적인 명성까지 떨치게 되었습니다.

임상옥이 살아가면서 자신을 경계하며 마음을 다스리는 문구가 있습니다. '相卽人(상즉인)'입니다. 장사는 곧 사람이며, 사람이 곧 장사라는 말입니다. '장사란 이익을 남기기보다 사람을 남기기 위한 것이다. 사람이 장사로 얻을 수 있는 최고의 이윤이며, 신용이 장사로 얻을 수 있는 최대의 자산'이라는 생각입니다.

또 하나는 '財上平如水(재상평여수) 人中直似衡(인중직사형)'입니다. 재물은 평등하기가 물과 같고, 사람은 바르기가 저울과 같다는 말입니다. 재물을 독점하려는 자는 반드시 재물에 의해 비극을 맞을 것이며,

저울처럼 바르고 정직하지 못한 자는 언젠가는 재물에 의해 파멸을 맞을 것이라며 인의(人義)를 중요시하며 생활했습니다.

그 후 임상옥은 순조 31년 빈민 구제 등의 자선 사업으로 천거받아 1832년 곽산 군수가 되었고, 2년 후 의주부 수재민을 구제한 공으로 구성 부사에 발탁되었습니다.

하지만 그는 자신을 위해 홀로 호의호식하지 않았습니다. 어렵게 번 재물로 빈민을 구휼했고, 죽을 때까지 전 재산을 사회에 환원하며 살았습니다.

삶의 지혜를 배우는 고사성어

삶의 지혜(智慧)

인조는 '친명배금(親明排金)' 정책으로 명나라와는 좋은 관계를 유지하고, 후금(청)과의 관계를 멀리했습니다. 이런 조선의 대외 정책은 후금의 침략 구실이 되었고, 결국 두 차례에 걸친 병자호란(丙子胡亂)을 겪게 되었습니다.

1637년 2월 청나라가 병자호란을 일으키고 남하하자 인조는 강화도로 피신하려 했습니다. 하지만 청군이 길을 막고 있어 강화도로 갈 수 없게 되자 남한산성(南漢山城)으로 들어가 항전했습니다. 청나라는 12만 명의 병력을 이끌고 삼전도(三田渡)에서 전투태세를 갖추고 임금에게 최후통첩을 보냈습니다.

이때 주화파(主和派)인 최명길(崔鳴吉)은 화친을 해야 한다고 주장했고, 척화파(斥和派)인 김상헌(金尙憲)은 싸울 것을 주장했습니다.

조정 대신들이 둘로 나뉘어 논쟁이 벌어지자 화친을 주장하는 최명길은 백성들의 고통과 죽음을 생각하며 말했습니다.

"우리에게는 지금 적군과 대항할 힘이 없어 화친을 하지 않으면 나라가 망하게 됩니다. 명분과 의리도 중요하지만 나라가 망하면 무슨 필요가 있단 말입니까?"

이어 성리학(性理學)의 명분(名分)을 중시하며 싸울 것을 주장하는 김상헌이 말했습니다.

"명나라를 배신하고 청나라에 항복하는 것은 삼강(三綱)의 예의를 무너뜨리는 것입니다. 명나라는 예로부터 부모의 나라였고, 임진왜란 당시에는 우리를 도와준 나라입니다. 어찌하여 의리를 버리고 오랑캐의 신하가 될 수 있단 말입니까?"

인조는 강화도로 피난 간 왕실 가족들이 모두 포로가 되었다는 소식을 듣고 최명길의 말에 따라 항복의 뜻이 담긴 답서를 보냈습니다. 항복한 인조는 임금의 옷을 벗고 신하의 남색 옷으로 갈아입은 뒤 청나라 황제에게 세 번 무릎을 꿇고 아홉 번 머리를 조아렸습니다. 이것이 바로 三拜九叩頭禮(삼배구고두례)입니다. 그 결과 많은 신하들과 왕자들이 인질로 잡혀가게 되었고 황제의 공덕을 기리는 굴욕의 삼전도비(三田渡碑)가 세워졌습니다.

당시 상황으로 볼 때 두 신하는 서로 방법은 달랐으나 백성을 위하고 나라를 사랑하는 마음은 같았던 것 같습니다. 나라가 누란(累卵)의 위기에 처해 있을 때 삶과 죽음 앞에서 어떤 선택이 옳은지는 참으로 어려운 일이었을 것입니다. 명분(名分)과 도리(道理)를 중요시하며 결사항전을 외친 김상헌의 주장과, 치욕을 감수하더라도 백성을 살려야 한다는 최명길의 주장에 대해 과연 누구의 판단이 옳은 것인가?

역사를 뒤돌아보며 우리 모두 힘을 합쳐 부국강병(富國强兵) 실현에 노력해야 할 때입니다.

　　　　　　　　　　　삶의 지혜를 배우는 고사성어

제6장

전쟁과 배움에서
얻은 지혜

69 계륵(鷄肋)

字解　닭 계 鷄 · 갈비 륵 肋

語義　닭의 갈비.

解義　큰 이익은 없지만 버리기는 아깝다.

　　후한(後漢) 말 위(魏)나라 조조(曹操)와 촉(蜀)나라 유비(劉備)는 한중(漢中) 지역을 차지하기 위해 치열한 전투를 벌였습니다. 유비가 익주(益州)를 점령하자 조조는 직접 군대를 이끌고 한중으로 진격했습니다. 조조의 생각과 달리 전쟁은 쉽게 끝나지 않고 수개월 동안 계속되면서 장기전에 돌입했습니다. 유비의 군대는 제갈량(諸葛亮)의 계책에 따라 험한 지세를 이용하여 전투에 만반의 태세를 갖추고 싸웠습니다. 그러나 조조의 군대는 식량도 부족하고, 탈영병까지 속출하여 사기가 떨어지면서 전황이 불리해져 갔습니다.

　　'계속 싸워야 할 것인가? 철군을 해야 할 것인가? 이걸 어떻게 해야지……'

　　지휘관인 조조(曹操)는 이러지도 못하고 저러지도 못하며 결정을 내릴 수가 없어 몹시 고민하고 있었습니다.

　　어느 날 저녁, 닭죽을 먹고 있던 조조는 죽 속에 있던 닭의 갈비를 보고 자신의 처지와 같다는 생각이 들었습니다. 그때 장수 하후돈(夏候

惇)이 야간 암호(暗號)를 묻기 위해 찾아왔습니다. 조조는 닭의 갈비를 들었다 놓았다 하다가 말했습니다.

"오늘밤은 계륵(鷄肋)으로 하여라."

하후돈은 참모들에게 조조에게 전해 받은 암호를 전달했습니다.

부하들이 암호의 뜻을 몰라 어리둥절하자 재주가 많기로 소문난 참모 양수(楊修)가 귀환할 준비를 하라고 했습니다. 모두 깜짝 놀라 양수를 바라보며 말했습니다.

"승상(丞相)의 명령도 없이 군대를 철수하다니 큰일 나려고 그런 말씀을 하시오."

"아닙니다, 저는 승상의 마음을 알겠습니다."

참모들이 까닭을 묻자 양수가 대답했습니다.

"계륵은 닭의 갈비로 보기에는 그럴듯하나 고기는 별로 먹을 것이 없습니다. 그렇다고 내버리기는 아까운 것이오. 이곳 한중 땅은 버리기는 아깝지만 아주 대단한 땅도 아니요. 그렇다고 싸움에서 이길 수 있는 상황도 아니고 그대로 있자니 이익이 되는 것도 없습니다. 그래서 승상께서 결정을 내리신 것입니다."

양수가 행장을 꾸리자 여러 장수들도 덩달아 돌아갈 준비를 했습니다.

그날 밤 조조는 마음이 편치 못하여 밤바람을 쐬려 밖으로 나왔습니다. 그런데 하후돈의 군사들과 참모들이 돌아갈 준비를 하는 것을 보고 크게 놀랐습니다. 하후돈을 불러 물었습니다.

"어찌하여 내 명도 없이 돌아갈 준비를 하는 것이오?"

"양수가 암호 계륵을 풀이하여 곧 철수할 것이라고 하여 준비를 하고 있습니다."

이 말을 들은 조조는 마치 자기 마음속을 거울 보듯 보고 있는 것 같아 크게 분노했습니다. 양수는 언변이 능하며 재주가 많은 사람이었습니다. 평소 자신의 재주를 믿고 멋대로 행동하다가 여러 차례 조조의 비위를 건드린 일이 있어 마음이 내키지 않는 터였습니다. 그래서 조조의 미움을 산 양수는 군심(軍心)을 어지럽혔다는 죄목으로 참수형(斬首刑)에 처형되어 성문에 걸렸습니다. 과연 얼마 후 양수의 말대로 조조는 위나라 전군을 한중에서 철수시켰습니다.

이와 같이 '계륵(鷄肋)'은 닭의 갈비처럼 '먹자니 먹을 것이 없고 버리자니 아까운 것'이라는 말에서 유래했습니다. '큰 이익은 없으나 버리기에는 아까운 것'을 가리키는 말입니다.

70   퇴고(推敲)

....

字解   밀 퇴 推 · 두드릴 고 敲
語義   미는 것과 두드리는 것.
解義   글을 다시 다듬어 고친다.

당나라 때 가도(假島)라는 사람이 있었습니다. 그가 나귀를 타고 장안(長安)으로 과거를 보러 가던 길에 문득 옛날 일이 생각나면서 다음과 같은 시상(詩想)이 떠올랐습니다.

閑居少鄰竝(한거소린병)
草徑入荒園(초경입황원)
鳥宿池邊樹(조숙지변수)
僧敲月下門(승고월하문)

한가히 살다 보니 사귄 이웃 드물고
풀숲 오솔길은 거친 뜰로 이어지네.
새는 연못가 나무숲에 잠들고
스님은 달빛 아래 문을 두드린다.

그런데 시의 마지막 구절의 '승고월하문(僧鼓月下門)'에서 '문을 민다 (推·퇴)'와 '문을 두드린다(敲·고)' 중에서 어느 것이 좋을지 고민이 되었습니다. 그는 퇴(推) 자와 고(敲) 자 중 어느 것을 쓸지 궁리하며 나귀 위에서 손으로 밀고, 두드리며 생각해 보았으나 시구(詩句)를 정할 수가 없었습니다. 너무 생각에 골몰한 나머지 그의 나귀가 대문장(大文章)가 이며 경윤(京尹)의 벼슬을 지내던 한유(韓愈)의 행차 대열 안까지 들어갔습니다. 당시에는 고관(高官)이 행차할 때 길을 막거나 방해하면 큰 죄가 되었습니다. 한유 앞으로 끌려간 그는 솔직하게 길을 비키지 못한 이유를 사실대로 말하고 사과했습니다. 그러자 한유는 아무런 일이 없었다는 듯이 말을 세워 놓고 한참을 생각하더니 "퇴(推) 자보다 고(敲) 자가 좋겠다."고 말했습니다. 두 사람은 나란히 말을 타고 가며 시(詩)에 대해 이야기를 나누었습니다. 후에 두 사람은 둘도 없는 글 친구가 되었습니다.

그 후부터 퇴고(推敲)란 글을 쓸 때나 시(詩)를 지을 때 자구(字句)를 여러 번 생각하여 문장을 다듬는다는 뜻으로 쓰이게 되었습니다.

삶의 지혜(智慧)

공자가 수레를 타고 길을 가는데 어떤 아이가 흙으로 성(城)을 쌓는 놀이를 하면서 전혀 비켜 줄 생각을 하지 않았습니다. 그래서 수레가 지나갈 수 있도록 길을 비켜 주면 좋겠다고 요청했습니다. 그러나 아이는 쭈그리고 앉아서 계속 놀이를 하면서 말했습니다.

"수레가 지나도록 성이 비켜 가야 합니까? 아니면 수레가 성을 비켜 지나가야 합니까?"

아이의 말에 공자는 매우 똑똑한 아이라고 생각하고 수레를 돌려서 지나가려 했습니다. 그러다가 아이의 이름과 나이를 묻자, 이름은 황택(皇澤)이고 나이는 8살이라고 했습니다. 공자는 아이의 말이 하도 영특하여 "바둑을 좋아하느냐."고 묻자 아이가 대답했습니다.

"군주가 바둑을 좋아하면 신하가 한가롭고, 선비가 바둑을 좋아하면 학문을 닦지 않으며, 농사꾼이 바둑을 좋아하면 농사일을 못 하니, 어찌 그런 바둑을 좋아하겠습니까?"

깜짝 놀란 공자가 다시 물었습니다. "그럼 못 낳는 아비는 누구이며, 연기 나지 않는 불은 무엇이고, 물고기가 없는 물은 무엇이냐?"

"자식을 못 낳는 아비는 허수아비이고, 연기가 나지 않는 불은 반딧불이며, 물고기가 없는 물은 눈물입니다."

아이의 거침없는 대답에 공자는 입을 다물지 못했습니다. 하지만 공자는 아이가 머리는 좋으나 덕(德)이 부족하여 궁극에 이르지 못할 것이라고 생각했습니다. 이후 황택의 이름은 어디에서도 들리지 않았습니다.

오늘날 우리 시대가 필요로 하는 사람은 재능(才能)과 덕(德)을 겸비한 조화로운 인재(人才)입니다. "재능이 있는 자가 덕이 있는 자를 이기지 못한다."고 했습니다. 전국시대(戰國時代) 가난한 농부의 아들로 태어난 유방(劉邦)이 천하를 통일할 수 있었던 것은 재능이 부족했지만 덕(德)이 많았기 때문입니다. 경쟁자인 항우는 귀족 출신으로 재능이 뛰어나고 전쟁 경험이 풍부했지만 독단적인 성격 때문에 유방의 덕(德)을 넘지 못했습니다. 하지만 능력이 있는 인재가 빛을 보지 못한다는 것은 안타까운 일입니다. 황택과 같은 아이는 교육을 통해 재능과 인성이 조합된 훌륭한 인재로 얼마든지 키울 수 있습니다.

교육이 제대로 되어야 나라가 융성해지고 국민이 행복해집니다.

71 당랑거철(螳螂拒轍)

字解 사마귀 당 螳 · 사마귀 랑 螂 · 막을 거 拒 · 수레바퀴 철 轍
語義 사마귀가 수레를 막는다.
解義 자신의 분수를 모르고 강한 상대에게 덤벼드는 무모한 행동.

춘추시대 제(齊)나라 장공(莊公) 때의 일입니다. 장공은 나라를 부유하게 하고 군대를 강하게 하여 천하의 패권을 차지하고 싶은 욕망을 가진 임금이었습니다.

어느 날 장공이 수레를 타고 사냥을 나가는 중이었습니다. 그런데 길 한가운데 초록색 벌레 한 마리가 앞발을 도끼처럼 휘두르며 두 다리를 높이 들고 수레를 막았습니다(螳螂拒轍). 장공은 조그마한 벌레가 수레를 향해 덤비는 것도 기이하지만 그 기세가 대단하여 수레를 멈추도록 했습니다.

"수레 앞에 기이한 벌레 한 마리가 버티고 있다. 도대체 무슨 벌레인지 알아보도록 해라."

수레를 호송하던 신하가 벌레를 살펴보고 말했습니다.

"사마귀란 놈입니다. 먹잇감을 공격할 때 날카로운 두 앞발을 오므리고 조용히 노려보다가 목표물이 안에 들어오면 순식간에 두 발을 뻗어

잡아먹습니다. 그래서 곤충들에게는 가장 무섭고 잔인한 존재로 알려져 있습니다."

"사마귀라……. 그놈 작은 곤충 주제에 아주 맹랑한 놈이구나!"

"예, 자기 힘은 생각지도 않고 모든 상대를 가볍게 보고 달려드는 놈입니다. 앞으로 나갈 줄만 알지 도무지 뒤로 물러 설 줄을 모릅니다. 적이 나타나면 자신보다 아무리 강한 상대라도 피하지 않고 돌격하는 특이한 버릇이 있사옵니다."

어려서부터 궁 안에서 자란 장공은 처음 보는 희한한 일이었습니다. 머리는 삼각형이고 두 눈알은 튀어나왔으며 머리 양쪽에 마치 두 개의 채찍을 달고 있는 것 같았습니다. 또한 발은 톱니 달린 낫과 같았고 앞가슴은 가늘고 배는 불룩 튀어나왔습니다. 장공은 그런 사마귀의 모습을 보고 감탄스럽게 쳐다보며 말했습니다.

"저 사마귀가 만약 사람이었다면 이 세상에서 가장 용감한 천하무적(天下無敵)이 되었을 것이다. 비록 보잘것없는 곤충이지만 그 용기가 참으로 가상하구나."

장공은 조심스럽게 수레를 돌려 사마귀를 피해 갔습니다.

전국시대(戰國時代) 사상가인 장자(莊子)는 이런 질문을 받았습니다.

"난폭하고 잔인하며 지혜가 없는 군주를 섬기는 데 어떻게 하는 것이 좋습니까?"

장자가 말했습니다.

"우선 신중하게 자신의 품성과 언행을 바로잡아 상대가 감화하도록 힘써야 합니다. '당랑(螳螂)처럼 두 발을 치켜들고 수레바퀴에 덤비는 식'이라면 소임을 다하지 못합니다."

'당랑거철(螳螂拒轍)'은 대부분 자신의 분수를 모르고 무모하게 덤비는 부정적인 의미로 해석됩니다. 그러나 자기보다 강한 상대에게 물러서지 않고 맞서는 용맹성을 뜻하기도 합니다. 상황이나 취향에 따라 그 의미를 다르게 해석할 수 있는 것입니다. 이길 수 없는 싸움에도 두려워하지 않고 싸우는 용감한 용사, 이길 수 없는 싸움에 무모하게 싸우는 어리석은 용사, 해석하기에 따라 그 의미가 달라집니다.

72 이란격석(以卵擊石)

字解 써 이 以 · 알 란 卵 · 부딪칠 격 擊 · 돌 석 石

語義 달걀로 바위를 친다.

解義 아주 약한 것으로 매우 강한 것에 대항하려는 어리석음.

전국시대 송나라 사람 묵자(墨子)가 북방의 제(齊)나라에 가다가 길흉(吉凶)을 점치는 점쟁이를 만났습니다. 점쟁이가 말했습니다.

"지금 북녘 하늘에 검은 기운이 서려 있어서 북행(北行)을 해서는 안됩니다. 오늘 천제(天帝)께서 북쪽에 사는 흑룡(黑龍)을 죽이기로 했는데 당신은 피부가 검으니 가지 않는 것이 좋을 것이오."

묵자는 터무니없는 말이라고 생각하고 계속 북쪽으로 갔으나 강이 범람(氾濫)하여 되돌아올 수밖에 없었습니다. 이를 보고 점쟁이가 비웃으며 말했습니다.

"내가 선생에게 북쪽으로 가지 말라고 했는데 왜 다시 돌아오셨소?"

묵자가 말했습니다.

"남쪽 사람은 북쪽으로 가지 못하고, 북쪽 사람은 남쪽으로 오지 못했소. 그리고 강을 건너려는 사람 중에는 피부가 검은 사람도 있었고 흰 사람도 있었는데 모두가 건너지 못했소. 당신이 말한 주장과는 많이 다른 듯하오."

점쟁이가 당황하자 묵자가 다시 말했습니다.

"만약 천제가 동쪽에 있는 적룡(赤龍)과 서쪽에 있는 백룡(白龍), 그리고 중앙에 있는 황룡(黃龍)까지 모두 죽이려 한다면, 천하에 모든 백성들은 오고 갈 데가 없어 꼼짝할 수 없을 것이오. 당신의 허황된 말은 내 반론을 절대로 이길 수 없소. 나의 학설(學說)과 주장을 버리는 것은 수학한 것을 버리고 다른 사람이 버린 곡식을 줍는 것과 같은 이치요. 그러한 미신으로 진리를 부정하는 것은 마치 계란으로 바위를 치는 것과 같소(以卵擊石). 천하의 계란을 다 없앤다 해도 바위는 깨어지지 않을 것이오."

이란격석(以卵擊石)은 '계란으로 바위를 친다.'는 뜻으로 상대해 보아야 손해만 볼 뿐 이익이 없는 어리석은 일을 비유하는 말입니다.

삶의 지혜(智慧)

미국의 일론 머스크(Elon Musk)는 기업인으로 민간 로켓 제조회사인 '스페이스 X'를 설립했습니다. 그는 미국 LA에서 열린 '제27회 밀컨 글로벌 콘퍼런스'에서 인류가 지구 외에 다른 행성에서 거주하는 '다행성(multiplanetary) 문명'을 만들어야 한다고 하며 다음과 같이 역설했습니다.

"은하계의 어떤 문명이 백만 년 동안 지속될 수 있다면 광속보다 훨씬 낮은 속도로 은하 전체를 탐험하고 식민지화할 수 있을 것이다. 지금까지 외계인의 증거가 없다는 것은 어떤 문명이든 위태롭고 희귀한 것이다. 인류 문명은 광활한 어둠 속의 작은 촛불과 같은 존재이며, 다중행성 문명이 되지 않는다면 그저 공룡처럼 자멸하거나 운석에 충돌하여 죽는 것을 기다리게 될 것이다."

그는 인류가 지구에만 머무를 경우 언젠가는 종말을 맞이할 것이라며 화성에 도시를 건설하겠다는 계획을 세워 스페이스X를 통해 화성 탐사용 우주선 개발을 실천하고 있습니다. 이미 궤도 발사체와 로켓을 재활용하여 우주 수송에 대한 경비를 크게 줄였습니다. 그리고 우주선이 지구 대기권 안으로 돌아와 착륙할 때 엄청난 속도를 안전하게 줄이면서 바다에 착륙하는 '스플래시다운'에도 성공했습니다. 미 항공우주국은(NASA)은 "인류를 달에 이어 화성으로 데려가기 위해 이 로켓을 재사용하려는 계획에 중요한 이정표가 되었다."고 했습니다.

그의 남다른 생각과 용기 있는 도전 정신으로 식어 버린 우주 탐사에 대한 관심을 환기시키고, 화성에 우주기지를 구축하여 인류가 정착할 수 있는 가능성을 한층 앞당기게 되었습니다.

"한 인간에게는 작은 발걸음이지만 인류에게는 위대한 도약이다."

1969년 7월 20일 인류 최초로 달에 착륙한 미국의 아폴로 11호 선장 닐 암스트롱이 한 말입니다. 그의 말대로 이제 인간은 우주 탐사에 대한 위대한 도약을 할 수 있게 되었습니다.

이와 같이 인류의 역사는 도전 정신이 있었기에 오늘의 찬란한 문명을 이룰 수 있었습니다. 남들이 불가능하다고 생각한 일을 창의성과 용기 있는 정신으로 가능하게 만든 인물들이 있었기 때문입니다.

가치 있는 일이라고 생각한다면 과감하게 도전하는 용기 있는 자세가 중요합니다.

73 대공무사(大工無私)

字解 클 대 大 · 공평할 공 工 · 없을 무 無 · 사사로울 사 私

語義 매우 공평하여 사사로움이 없다.

解義 공적인 일 처리에 개인적인 감정을 개입시키지 않는다.

전국시대 진(晉)나라에 기황양(祁黃羊)이라는 사람이 있었습니다. 어느 날 평공(平公)이 기황양에게 물었습니다.

"남향현(南陽縣)에 현령 자리가 비어 있는데 누구를 보내면 좋겠소."

"해호(解狐)를 보내시옵소서. 그는 반드시 훌륭하게 잘해 낼 것입니다."

평공이 깜짝 놀라서 물었습니다.

"해호는 경과 원수지간이 아니오. 어찌하여 그런 해호를 추천하는 것이오?"

기황양이 대답했습니다.

"공자(孔子)께서 저에게 물으신 것은 임무를 수행하는 데 누가 적임자인지 물으셨지 해호가 제 원수인지 아닌지를 묻지 않으셨습니다."

평공은 해호를 남양현의 현령으로 임명했습니다. 과연 해호는 맡은 바 임무를 훌륭하게 해냈습니다.

얼마 후 평공이 기황양에게 다시 물었습니다.

"지금 조정에 법을 집행할 사람이 한 명 필요한데 누가 적임자라고 생각하오."

기황양은 이번에도 전혀 주저함이 없이 대답했습니다.

"기오(祁午)가 적임자이옵니다. 틀림없이 일을 잘 수행할 것입니다."

"기오는 그대의 아들이 아니오. 어찌하여 사사로이 아들을 추천할 수 있단 말이오."

평공이 불쾌한 표정을 짓자 기황양이 말했습니다.

"공자께서는 저에게 누가 적임자인지를 물으셨지 기오가 제 아들인 지 아닌지를 묻지 않으셨습니다. 신은 비록 제 아들이라도 그 자리에 적 격하기에 추천한 것이지 사사로운 정에 의해 추천한 것이 아닙니다."

평공은 다시 한번 감탄하고 기오를 임명했습니다. 기오 역시 모든 일 을 공정하게 처리하여 백성들의 칭송을 받았습니다.

공자(孔子)는 이 두 가지 일을 듣고 기황양을 극히 칭찬했습니다.

"기황양은 정말 옳은 말을 하는 사람이다. 그는 사람을 추천할 때 완 전히 재능을 기준으로 하였다. 해호가 자신의 원수라고 하여 편견을 가 지고 추천하지 않았으며, 자신의 아들이라고 다른 사람들의 뒷말이 두 려워 추천하지 않는 실수도 범하지 않았다. 그야말로 진정한 대공무사 (大工無私)를 실천하는 사람이다."

74 천도불용(天道不容)

字解 하늘 천 天 · 도리 도 道 · 아닐 불 不 · 용납할 용 容
語義 하늘의 도는 악을 용서하지 않음.
解義 하늘의 도는 공정하여 악인을 용서하지 않는다.

주(周)나라 선왕(宣王)은 서쪽 오랑캐인 융적(戎狄)이 신하가 되기를 거부하자 공격을 명령했습니다. 하지만 주나라 군대는 전투에서 참패했습니다. 몇 년 후 선왕은 충성스러운 신하 두백(杜伯)을 불렀습니다.

"지난번 전투에서 융적에게 패한 것을 설욕해야겠다. 되도록 많은 병사들을 징집하여 전투에 참여하도록 하라."

그러나 두백은 전쟁의 부당함을 설명하며 강력하게 반대했습니다.

"전하, 이제 전쟁이 끝난 지도 얼마 되지 않았습니다. 지난 번 전쟁에서 수많은 병사들과 백성들이 죽고 부상을 당했습니다. 전쟁을 다시 일으키면 백성들의 원망을 사는 일입니다."

이에 선왕이 크게 화를 내며 두백에게 말했습니다.

"융적은 나의 원수다. 어찌 신하 된 자가 왕의 원수를 갚을 생각은 하지 않고 다른 생각을 하고 있단 말이냐. 이러고도 왕실의 신하라고 할 수 있느냐?"

주위 신하들도 두백의 의견이 옳음을 간했으나 선왕은 들은 척도 하지 않고 분노하며 왕명 거역죄로 처형하라고 명령했습니다. 두백이 말했습니다.

"임금은 나를 죽여도 죄가 안 되지만 나는 아무런 죄가 없소. 죽은 자에게도 영혼이 있다면 나는 3년 후에 하늘이 악을 용서하지 않는다는 것을 반드시 보여 줄 것이오(天桃不容)."

두백이 죽은 3년 후, 선왕이 사냥을 마치고 돌아오는데 멀리서 수레 한 대가 달려오는데 말과 수레가 모두 흰색이었습니다. 수레가 선왕 앞에 멈추자 한 사나이가 붉은 옷에, 붉은 관을 쓰고, 붉은 화살을 맨 채 다가오며 말했습니다.

"대왕! 그동안 별일 없으시오?"

선왕이 크게 놀라 고개를 들어 상대를 쳐다보니 죽은 두백이었습니다. 선왕이 눈을 비비고 다시 바라보려는 순간 수레는 보이지 않았습니다. 좌우 신하들에게 물어보았으나 아무도 보았다는 사람이 없었습니다. 다시 바라보니 두백이 수레를 타고 좌우를 맴돌고 있었습니다. 선왕이 노하여 보검을 빼들어 치려하자 두백이 말했습니다.

"이 무도한 혼군아! 임금의 덕은 닦지도 않고 아무런 죄도 없는 충신을 죽이는가. 혼군의 운수는 이제 다 되었다."

두백은 붉은활에 붉은 살을 매겨 선왕의 심장을 향해 쏘았습니다. 선왕은 큰 소리로 비명을 지르며 그만 기절하고 말았습니다. 서둘러 궁궐로 돌아왔으나 그날로 병을 얻어 눈만 감으면 두백이 나타나 자신을 죽이려고 했습니다. 사흘이 지나자 선왕의 병은 더욱 심해져서 결국 고통 속에서 죽고 말았습니다.

천도불용(天桃不容)은 하늘의 공정함과 불변의 원칙을 상징하는 말입니다. 하늘(天)은 우리가 살아가는 최상의 힘을 말하며 자연이나 우주의 법칙과 신성함을 의미하고, 도(道)는 길이나 원칙을 말합니다. 인간 사회에서 공정하고 바르게 살아가라는 의미이며 악을 저지르는 사람에게는 반드시 그 대가가 따르게 된다는 교훈적인 뜻이 담겨 있습니다.

삶의 지혜를 배우는 고사성어

삶의 지혜(智慧)

공정한 사회를 만들기 위해서는 우리 모두의 노력이 필요합니다. '나 하나쯤이야.'라고 생각하면 이룰 수 있는 것은 아무것도 없습니다. 개천의 물이 모여 냇물이 되고 냇물이 모여 강을 이루듯이, 나 하나 바른 생각과 바른 행동은 밝은 사회를 만듭니다.

세계 역사를 살펴보면 단 한 표 차이로 인하여 나라의 운명이 달라지는 경우가 많았습니다.

1776년 미국에서는 한 표 차이로 독일어 대신 영어가 국어가 되었습니다. 독일 출신 이민자들이 연방법을 영어와 독일어로 반포하자는 법안을 연방 하원에 제안했으나, 찬성 41표, 반대 42표로 차이로 부결된 것입니다. 단 한 표 차이로 채택된 영어는 지금 세계의 공통어가 되었습니다.

또한 1867년 미국은 러시아로부터 알래스카를 720만 달러에 사들였습니다. 당시 앤드루 존슨 대통령 내각에서 국무장관을 맡고 있던 윌리엄 헨리 슈어드가 러시아가 쓸모없다고 여기던 땅을 매입한 것입니다. 많은 사람들이 땅을 비싸게 샀다고 비난하여 자금 승인이 불가하다고 생각했으나 1표 차이로 상원 인준이 통과되어 지금은 보물의 땅이 되었습니다.

1923년 8월 23일 독일에서는 히틀러가 단 한 표 차이로 나치스 당수로 선출되었습니다. 10년 후, 그는 이 선거가 결정적인 역할을 하여 총리와 대통령 지위를 겸하는 총통이 되었습니다. 이로 인해 수많은 고귀한 생명이 희생되었고 세계는 전쟁의 소용돌이로 많은 고통을 겪게 되었습니다.

이와 같이 한 사람의 바른 판단은 나라를 부유하게 하기도 하고, 잘못된 판단은 수많은 사람을 전쟁과 고통 속으로 몰아넣기도 합니다. '천상천하 유아독존(天上天下 唯我獨尊)'이라고 했습니다. 우주 가운데 나보다 존귀한 사람이 없다는 뜻입니다. 우리가 공기의 존재가 꼭 필요하지만 모르고 사는 것처럼 나의 존재는 세상에서 무엇보다도 소중합니다. 모든 것은 나 하나에서 시작되며 내가 모여 사회가 되고 사회가 모여 국가가 됩니다.

대공무사(大公無私)의 마음가짐이 세상을 바꾸고 공정한 사회를 만듭니다.

75 사면초가(四面楚歌)

字解 넉 사 四 · 얼굴 면 面 · 초나라 초 楚 · 노래 가 歌
語義 사방에서 들리는 초나라 노래.
解義 누구의 도움도 받을 수 없는 아주 어려운 상황.

초(楚)나라 패왕(霸王) 항우(項羽)와 한(漢)나라 유방(劉邦)이 천하를 놓고 다투던 때의 일입니다. 4년간 긴 싸움이 계속되자 항우와 유방은 홍구(鴻溝)의 동쪽을 초나라 영토로 하고, 서쪽을 한나라 영토로 하기로 하고 휴전을 맺었습니다. 항우는 초나라 도읍인 팽성(彭城)으로 군사를 돌리고 유방은 한중으로 철수를 하기 시작했습니다. 이때 유방의 참모인 장량(張良)과 진평(陳平)이 유방에게 권했습니다.

"지금 한나라는 천하의 절반을 차지하였고 제후들도 모두 한(漢)나라에 돌아왔습니다. 또한 군사들의 사기도 충천합니다. 그러나 초(楚)나라 군사의 수는 우리보다 적고 군량미도 떨어졌으며 사기도 크게 저하되어 있습니다. 이는 하늘이 초나라를 망하게 하려는 것입니다. 지금 군사를 돌려 초나라를 치지 않으면 두고두고 후회하실 것입니다."

유방은 장량과 진평의 판단이 옳다고 생각하고 즉시 항우의 군대를 추격하도록 명령했습니다. 유방의 군대가 추격해 오자 항우는 해하(垓下)에서 방벽을 구축하고 전투를 벌였습니다. 그러나 항우의 군대는 이미 뿔뿔이 흩어져 군사들의 수가 얼마 되지 않았고 식량도 떨어져 유방의 군대에게 겹겹이 포위당하고 말았습니다.

그러던 어느 날 밤, 한나라 군대 속에서 초나라 노래 소리가 사방에서 들려왔습니다(四面楚歌). 한나라 재상 장량이 포로가 된 초나라 병사들에게 고향 노래를 부르게 한 것입니다. 항우는 노래 소리를 듣고 깜짝 놀라 잠에서 깨었습니다.

"한나라의 군대가 벌써 우리 초나라 땅을 모두 빼앗았단 말인가? 어찌하여 초나라 사람이 저리도 많은 것인가?"

항우는 자신의 앞날을 예견하고 마지막 주연(酒宴)을 열었습니다. 그리고 사랑하는 여인 우희(虞姬)와 명마 추(騅)를 곁에 두고 술잔을 기울이며 눈물을 머금고 노래했습니다.

〈垓下歌〉

力拔山兮氣蓋世(역발산혜기개세)
時不利兮騅不逝(시불리혜추불서)
騅不逝兮可奈何(추불서혜가내하)
虞兮虞兮奈若何(우혜우혜내약하)

힘은 산을 뽑을 만하고 의기는 세상을 덮었건만
때가 도와주지 않으니 추(騅)도 나아가지 않는구나.
추가 달리지 않으니 이를 어찌해야 하는가.
우희(虞姬)여, 우희여! 그대를 어찌하면 좋은가.

삶의 지혜를 배우는 고사성어

노래가 끝나자 우희는 항우의 보검을 뽑아 스스로 목숨을 끊었습니다. 항우는 곧바로 말에 올라 800여 명의 군사들을 이끌고 포위망을 뚫으며 오강(烏江)까지 질주했습니다. 항우가 말했습니다.

"내가 군사를 일으킨 지 8년이 되었으며 그동안 우리는 수많은 전투를 벌여 맞선 적은 격파시키고 공격한 적은 굴복시켰다. 지금껏 패배를 몰랐으며 천하의 패권을 차지하였다. 하늘이 나를 망하게 하려는 것이지 싸움을 잘못한 죄가 아니다."

그때 강가에서 배를 대어 놓고 기다리고 있던 정장(亭長)이 강동으로 돌아가 후일을 도모할 것을 청했습니다. 하지만 항우는 강동으로 가는 것은 자신이 용서할 수 없다고 하며 생존한 군사들을 모두 배에 태워 고향으로 돌려보냈습니다. 그리고 한나라 군대 속으로 달려가 수많은 적군을 죽이고 온몸이 피투성이가 된 채 자결했습니다.

위와 같이 '사면초가(四面楚歌)'는 '사방이 적으로 둘러 싸여서 꼼짝 못 하는 상태', '누구의 도움도 받을 수 없는 곤란한 상태'에 빠진 것을 말합니다.

76 고성낙일(孤城落日)

字解 외로울 고 孤 · 성 성 城 · 떨어질 낙 落 · 해 日

語義 외로운 성에 지는 해.

解義 아무도 도와주지 않는 외로운 처지.

한(漢)나라 때 흉노의 우두머리인 선우(單于)의 휘하에 좌현왕(左賢王)과 우현왕(右賢王)이 있었습니다. 그때 우현왕(右賢王)이 한나라 군대에게 포위되었다가 간신히 도망쳐 달아난 일이 있었습니다. 거기장군(車騎將軍) 위청(衛靑)은 변방 지역에 있는 흉노를 치고 우현왕을 사로잡고자 했습니다.

왕유(王維)는 친구인 위평사(韋評事)가 장군을 따라 국경 밖으로 떠나자 안타까움을 생각하며 시를 읊었습니다.

〈送韋評事〉

欲逐將軍取右賢 沙場走馬向居延

(욕축장군취우현 사장주마향거연)

遙知漢使蕭關外 愁見孤城落日邊

(요지한사소관외 수견고성낙일변)

장군을 따라 우현왕(右賢王)을 잡고자 하여

모래땅에 말을 달려 거연(居延)으로 향하네.

멀리서 한나라 사신은 소관(蕭關) 밖에서

외로운 성, 지는 해를 수심에 차 바라보네.

고성낙일(孤城落日)은 이 시의 「송유평사(送韋評事)」에서 유래되었
으며, 글에서 나오는 평사(評事)는 법을 맡아 죄인을 다스리는 벼슬 이
름을 말합니다.

거연(居延)은 신강성 접경 지역에 있는 곳으로 남쪽에는 기련산(祁
連山)이 높이 솟아 있고, 북쪽으로는 만리장성(萬里長城), 서쪽 끝 너머
로는 사막이 계속되는 곳입니다. 소관(蕭關)은 진나라 북관(北關)으로
불리는 본토 방면으로 통하는 관문을 말합니다.

왕유(王維)는 이백(李白), 두보(杜甫)와 함께 당나라 3대 시인의 한
사람으로 시불(詩佛)이라 불리는 중국의 대표적인 시인입니다. 주로 고
요한 맛과 정서를 풍기는 서정시(抒情詩)를 많이 썼습니다.

삶의 지혜(智慧)

한(漢)나라에 소무(蘇武)라는 사람이 있었습니다. 한 무제 원년, 흉노의 선우가 즉위하자 소무는 포로 교환을 의논하기 위해 특사로 파견되었습니다. 이때 소무는 본의 아니게 반란에 가담했다는 역모에 휘말리게 되었습니다. 선우는 사건을 조사하던 중 소무의 절개에 감복하여 회유를 시도했으나 그는 굴복을 거부했습니다. 화가 난 선우는 소무를 북해(北海)의 변방으로 추방하며 말했습니다. "숫양이 새끼를 낳으면, 네 나라로 돌아가게 해 주겠다." 귀양지에서 절대로 돌려보내지 않겠다는 말이었습니다.

소무는 양을 키우면서 풀뿌리로 연명하며 힘든 나날을 보내며 살았습니다. 낮에는 양을 기르고 밤에는 무제가 건네준 한나라 깃발을 어루만지면서 하늘에 반짝이는 별들을 보면서 고향을 생각했습니다. 그러한 마음에 보답이라도 하듯이 한나라에서는 계속하여 사신을 보내 석방을 요구했습니다. 그러던 어느 해, 사신이 선우에게 소무의 석방을 요구하자 이미 죽었다고 하며 요구를 거절했습니다. 그러자 사신이 이야기를 지어 말했습니다.

"얼마 전 황제께서 사냥에 나가 활을 쏘아 기러기 한 마리를 잡았습니다. 기러기 발목에 소무가 쓴 편지 한 통이 묶여 있었는데 북해에서 양을 키우고 있다고 하였습니다."

이야기를 들은 선우는 크게 놀라 소무의 귀환을 허락했습니다. 이리하여 소무는 19년 동안 '사면초가(四面楚歌)'에 몰려 있다가 한나라의 믿음으로 고국에 돌아오게 되었습니다.

이 성어(成語)에 유래하여 편지를 '기러기의 서찰'이라고 하는 '안서(雁書)'라는 말이 쓰이게 되었습니다.

사람이 생활하다 보면 뜻하지 않게 '사면초가(四面楚歌)'에 놓이는 경우가 있습니다. 그러나 어려움이 지나면 좋은 날도 있기 마련입니다. 추운 겨울이 지나면 따뜻한 봄이 오고, 아무리 암흑 같은 어둠이 오더라도 언젠가는 새벽은 다가옵니다. 『주역(周易)』에 궁즉통(窮則通)이란 말이 있습니다. 어떤 일에 도저히 해결할 방법이 없어 궁(窮)하게 되면 변(變)하게 되고, 변하면 통(通)하게 된다는 말입니다. 우리 인생의 행복과 불행은 누구에게나 영원하지 않으며 끊임없이 도전을 받으며 살아갑니다.

힘들고 어려울 때 희망을 잃지 말고, 어려우면 변하고, 변하면 문제가 해결됩니다.

77 송양지인(宋襄之仁)

字解　송나라 송 宋 · 도울 양 襄 · 어조사 지 之 · 어질 인 仁

語義　송나라 양공의 어진 마음.

解義　쓸데없이 인정을 베푸는 어리석은 행동.

춘추시대 송나라 환공(桓公)이 세상을 떠나자 양공(襄公)이 뒤를 이었습니다. 양공은 천하의 패자(霸者)가 될 야망을 품고 먼저 제(齊)나라를 공격하여 정복했습니다. 그때 정(鄭)나라가 초나라에 굴복하자 양공은 정나라를 정벌하고자 했습니다. 초(楚)나라는 정나라를 구하기 위하여 많은 군사를 파견했습니다. 드디어 양공의 송나라 군대와 초나라 군대는 홍수(泓水)를 사이에 두고 서로 대치하게 되었습니다.

이때 송(宋)나라는 이미 전열을 가다듬고 전투에 만반의 대비를 하고 있었고, 초나라 군사들은 강을 건너려 하고 있었습니다. 이를 지켜보고 있던 목이(目夷)가 말했습니다.

"초나라는 우리보다 군사 수가 많고 우리는 적으니 적이 강을 건너기 전에 공격해야 승리할 수 있습니다."

그러나 양공은 아무 말이 없었습니다. 초나라 군사들이 강을 반쯤 건너자 다급해진 목이가 명령을 재촉했습니다.

"전하, 지금 공격의 적기입니다. 공격 명령을 내려 주십시오."

삶의 지혜를 배우는 고사성어

양공은 고개를 가로저으며 말했습니다.

"그건 진정한 싸움이라고 할 수 없소. 천하(天下)를 얻기 위해서는 정정 당당히 싸워 이기는 것이 진정한 승자라고 할 수 있는 것이오. 상대방의 약점을 노려 싸우는 것은 군자(君子)로서 취할 행동이 아니요."

그러는 사이 초나라 군대는 강을 건너서 쳐들어올 준비를 하고 있었으나 아직도 전열을 제대로 갖추지 못하고 있었습니다. 이를 보고 있던 목이가 다시 명령을 재촉했습니다.

"마지막 기회입니다. 적들이 아직도 대오를 갖추지 못하고 전열도 제대로 되어 있지 않습니다. 지금 바로 공격 명령을 내려 주십시오."

하지만 양공은 고개를 가로저으며 싸울 생각을 하지 않고 말했습니다.

"아니오. 적들이 싸울 준비를 하기 전에 공격해서는 안 되오. 우리와 같이 적들이 싸울 진용을 정비하면 바로 공격하시오. 싸움은 똑같은 조건에서 해야 진정한 승자라 할 수 있소."

초나라 군대가 완전히 전투태세를 갖추자 그때서야 양공은 공격 명령을 내렸습니다. 그러나 수적으로 열세에 있는 송나라 군대는 초나라 군대에게 대패하고 말았습니다. 이 싸움에서 수많은 송나라 군사들이 죽고 양공도 허벅다리에 큰 부상을 입었습니다. 모든 사람들이 양공을 원망하자 양공이 말했습니다.

"군자(君子)는 부상당한 적의 군사를 다시 살상(殺傷)하면 안 되고, 머리가 반백인 자를 포로로 잡으면 안 되는 것이오. 과인은 정렬도 하지 않은 적을 치려고 북을 울리지는 않소."

이듬해 양공이 전쟁에서 입은 상처로 죽자 세상 사람들은 그를 두고 쓸데없이 인정을 베풀었다고 비웃었습니다.

그 뒤 사람들은 이와 같이 쓸데없이 체면을 내세우거나 필요 없는 동정이나 배려를 하는 어리석은 행동을 '송양지인(宋襄之人)'이라고 했습니다.

『사기(史記)』의 저자 사마천(司馬遷)은 다음과 같이 평했습니다. "양공은 홍수 싸움에서 패했으나 식자(識者)들 사이에는 양공을 찬양하는 견해가 있다. 그 까닭은 인의(仁義)가 무너지는 것을 걱정하기 때문이다. 그런 견해로 보면 양공의 어짊(仁)은 찬양받을 가치가 있다."

삶의 지혜를 배우는 고사성어

78 무괴아심(無魁我心)

字解   없을 무 無 · 부끄러울 괴 魁 · 나 아 我 · 마음 심 心

語義   내 마음에 부끄러움이 없도록 한다.

解義   남의 허물을 탓하기 전에 자기 스스로를 살펴보아야 한다.

중국 후한(後漢)시대 양진(楊震)이라는 사람이 있었습니다. 그는 학문이 깊고 경전에 밝았으며 공정하고 청렴결백한 사람이었습니다. 수많은 제자들을 길러 내면서도 신분에 차별을 두지 않고 빈부의 격차도 가리지 않았습니다. 또한 나라에 도움이 될 만한 사람이 있으면 사심 없이 천거하여 나랏일을 돌보게 했습니다. 그래서 그를 '관서(關西)의 공자'라고 불렀습니다.

그가 형주자사(荊州刺史)로 있을 때 승진하여 동래태수(東來太守)로 부임했을 때의 일입니다. 동래군(東萊郡)으로 가는 도중 창읍(昌邑)이라는 곳에서 하룻밤을 지내게 되었습니다.

저녁 늦게 그곳의 현령인 왕밀이 찾아왔습니다. 왕밀은 몇 년 전에 양진이 조정에 추천하여 현령이 된 사람이었습니다. 두 사람은 오랜만에 만나 서로 술잔을 주고받으며 이런저런 이야기로 그동안의 회포를 풀었습니다. 밤이 깊어지면서 분위기가 무르익자 왕밀이 소매 속에서 금 10근을 내놓으며 지난날의 고마움을 표했습니다. 양진은 깜짝 놀랐으나 부드럽게 미소를 지으며 분명한 어조로 말했습니다.

"나는 지난날 자네의 학식과 인품을 기억하고 있네. 자네가 나라에 필요한 인물이라는 믿음이 있어서 천거한 뿐이라네. 그대는 내가 어떤 사람인지 잊은 것 같구려. 지난날 나에 대한 보답은 나라와 백성을 위해서 최선을 다하면 되는 것이네."

"아닙니다. 이것은 지난날 은혜에 보답하고자 하는 조그마한 성의일 뿐입니다. 저의 마음이니 받아 주십시오. 지금은 한밤중이고 방 안에는 태수님과 저뿐입니다."

그러자 양진이 엄하고 단호하게 말했습니다.

"하늘이 알고, 땅이 알고, 자네가 알고, 내가 알고 있는데 어찌하여 아는 사람이 없다고 하는가?"

결국 왕밀은 양진의 맑고 곧은 뜻에 감동하여 얼굴을 붉히며 금을 거두고 물러갔습니다.

무괴아심(無愧我心)은 명나라 주원장의 책사(策士)이며 사상가인 유기(劉基)는 "모든 사람들의 뜻을 모두 헤아릴 수 없다. 다만, 내 마음에 부끄러움이 없기를 바랄 뿐이다."라고 했습니다. 남의 허물을 탓하기 전에 자기 스스로를 먼저 살펴보아야 한다는 뜻입니다.

삶의 지혜를 배우는 고사성어

삶의 지혜(智慧)

송양지인(宋襄之仁)과 같은 역사적인 사례는 많습니다. 1526년 8월 29일 헝가리 남부의 모하치 근교의 평원에서 헝가리와 오스만 사이에 전투가 벌어졌습니다. 병력은 오스만군이 7만여 명, 헝가리군은 3만여 명 정도였습니다. 이때 헝가리군은 모하치 평원에 미리 도착하여 충분히 휴식을 취하고 있었고, 오스만군은 8월의 무더위에 늪지대를 건너고 있었습니다. 충분히 쉰 헝가리군이 지쳐 있는 오스만군을 공격하는 것은 당연한 상식입니다. 하지만 헝가리군은 전투 준비를 마치지 못한 적군을 공격하는 것은 기사도에 어긋난다며 공격하지 않았습니다. 오스만군이 전투 준비를 마치자 그때서야 헝가리군은 공격 명령을 내렸으나 대패하고 말았습니다. 이 전투에서 헝가리군은 2/3가 전사하거나 부상당했으며, 오스만군은 불과 1,500여 명의 사상자만 내며 크게 승리했습니다. 이때 헝가리군이 늪지대를 지나는 오스만군을 공격했다면 전투에 승리했거나 큰 피해를 입혀서 적군이 철수했을지도 모르는 일이었습니다. 그러나 쓸데없는 인정을 베풀어 대패하고 말았습니다.

이후 헝가리는 계속된 내란으로 1547년 중부와 남부의 2/3가 오스만 제국에 합병되었고, 동부의 몇몇 주는 자치공화국이 되었습니다. 결국 헝가리 왕국은 삼 분할되어 392년간 오스트리아의 지배를 받는 계기가 되었습니다.

상대에게 예의(禮儀)와 인정(人情)을 베푸는 일은 좋은 일입니다. 하지만 위 일화와 같이 헝가리군은 쓸데없는 예의를 베풀어 400년에 가까운 기간 동안 나라가 분할되는 역사적 비극을 겪었습니다. 승리하기 위해서 싸우는 전쟁터에서 예의는 평상시 법도(法道)와 다를 수밖에 없습니다. 아무리 기사도(騎士道) 정신이 중요하다고 하지만 병사들의 소중한 목숨과 바꿀 수는 없습니다. 주위의 환경과 상황이 바뀌면 생각도 바뀌고 대처하는 방식도 바뀌어야 합니다.

예의나 인정도 주위의 상황과 여건을 고려하여 판단하는 것이 현명한 삶의 자세입니다.

79   와신상담(臥薪嘗膽)

字解 누울 와 臥 · 땔나무 신 薪 · 맛볼 상 嘗 · 쓸개 담 膽

語義 땔나무 위에서 누워 자고 쓸개를 맛본다.

解義 목적을 이루기 위해서 어떤 어려움도 참고 견딘다.

전국시대에 오(吳)나라와 월(越)나라는 서로 이웃하고 있으면서 사이가 매우 좋지 못했습니다. 월나라 왕 윤상(允常)이 세상을 떠나자 아들 구천(句踐)이 왕위에 올랐습니다. 오나라 신하들은 윤상이 죽은 것을 보고 월나라를 칠 좋은 기회라고 생각했습니다.

"지금 월은 윤상이 죽어 나라가 매우 혼란스럽습니다. 구천이 왕위에 계승했으나 그 과정에서 많은 우여곡절이 있어 국론(國論)이 분열되어 있으니 이 기회에 천하를 얻으십시오."

신하들의 충언에 오왕 합려는 천하통일(天下統一)의 좋은 기회라고 생각하고 월나라로 쳐들어갔습니다. 그러나 월나라 군대는 상상 이상으로 강했습니다. 그 싸움에서 합려는 적이 쏜 화살에 상처를 입고 목숨이 위태로워지자 아들 부차(夫差)를 불러 유언했습니다.

"부차야, 내 원수를 꼭 갚아다오. 월왕 구천이 아비를 죽인 것을 절대로 잊어서는 안 된다."

오왕 합려는 부차의 손을 꼭 잡고 숨을 거두었습니다. 부차는 아버지 죽음을 비통하게 여기며 몇 번이고 복수를 다짐했습니다. 왕위에 오른 부차는 땔나무 위에서 잠을 자고(臥薪) 방 옆에 군사를 두게 하여 매일 크게 외치게 했습니다.

"부차야, 월나라 구천이 네 아버지를 죽였다는 것을 절대로 잊어서는 안 된다!"

2년 후, 부차가 밤낮을 가리지 않고 군사들을 훈련시키며 아버지 원수를 갚으려 한다는 소문을 구천이 알게 되었습니다. 구천은 참모 범려(范蠡)의 반대에도 불구하고 공격을 감행했습니다. 그러나 복수의 칼날을 세우며 매일매일 훈련을 한 오나라 군대를 당할 수가 없었습니다. 부차는 승세를 몰아 월나라 수도 회계(會稽)를 포위했습니다. 구천은 회계산(會稽山) 꼭대기까지 올라가 피신한 후 오나라 백비(伯嚭)에게 많은 보물을 주고 항복했습니다. 결국 부차는 아버지 원수를 갚았고 전쟁에 진 구천은 눈물을 흘리며 월나라를 오나라에 받쳤습니다.

구천은 오나라에 가서 3년 동안 노예가 되어 마구간에서 말을 먹이는 일을 하고, 묘지기 일을 하였으며, 삭발을 당하는 등 온갖 수모를 당했습니다. 오나라 중신 오자서(伍子胥)는 '후환을 없애려면 구천을 죽여야 한다.'고 했으나 부차는 구천을 불쌍히 여겨 월나라로 보내 주었습니다. 온갖 수모를 겪으며 살아 돌아온 구천은 수치심과 복수심에 잠을 이룰 수가 없었습니다. 그때부터 구천은 항상 곁에다 곰의 쓸개를 걸어 두고 쓴 맛을 보며(嘗膽) 매일 복수를 다짐하며 남몰래 군사를 훈련시켰습니다.

6년 후, 구천은 오나라를 공격하여 3년에 걸친 전투 끝에 오나라 수도를 포위하자 부차는 더 이상 버틸 수 없어 항복했습니다. 이때 구천은 과거 자기를 살려 준 것을 잊지 않고 부차의 목숨을 살려 주었으나 부차는 구천에게 굴하지 않고 스스로 목숨을 끊었습니다.

이때부터 부차가 땔나무 위에서 잔다는 '와신(臥薪)'과 구천이 쓸개를 맛보는 '상담(嘗膽)'이 합쳐져 '와신상담(臥薪嘗膽)'이라는 고사가 생겼습니다. 오늘날 '와신상담'은 목적을 달성하기 위해 온갖 어려움을 참고 견딘다는 뜻으로 사용되고 있습니다.

80 칠신탄탄(漆身呑炭)

字解 옻 칠 漆 · 몸 신 身 · 삼킬 탄 呑 · 숯 탄 炭
語義 몸에 옻칠을 하고 숯을 삼키다.
解義 은인을 위해서라면 어떤 어려운 일이라도 해낸다.

춘추시대 말, 진(晉)나라에 왕권 다툼이 벌어지면서 실권자였던 지백 (智伯)이 조양자(趙襄子)에게 죽임을 당했습니다. 싸움 과정에서 온갖 어려움을 겪은 조양자는 분이 풀리지 않자 지백의 두개골(頭蓋骨)에 옻 칠을 하여 술잔으로 만들어 사용했습니다. 그때 지백의 가신(家臣) 중 에 총애(寵愛)를 받던 예양(豫讓)이라는 사람이 조양자의 행위에 분개 하며 말했습니다.

"선비는 자기를 알아준 사람을 위해 죽고, 여자는 자기를 좋아하는 사람을 위해 용모를 꾸민다고 하였다. 지백은 나를 알아준 사람이다. 반 드시 그의 원수를 갚고 죽을 것이다."

그는 지백의 원한을 풀어 주기 위해서 이름과 성을 바꾸고 미장이로 변장하여 궁중의 공사장에 끼어들었습니다. 그러던 어느 날 예양은 비 수를 품고 궁중의 내부 일을 하면서 조양자를 죽이려고 하였으나 살기 를 느낀 그가 수색을 명령(命令)하는 바람에 붙잡혔습니다. 조양자가 이유를 묻자 예양이 대답했습니다.

"지백은 나를 걸출한 선비로 대접하였다. 나 또한 걸출한 선비로 보답하기 위함이다."

조양자는 그를 매우 의기 있는 사람이라고 감탄하며 신하들이 말리는데도 불구하고 풀어 주었습니다. 그러나 그는 포기하지 않고 이번에는 몸에 옻칠을 하여 문둥이처럼 하고 숯을 삼켜 벙어리가 되어 기회를 엿보았습니다(漆身呑炭).

얼마 후, 예양은 지백이 오고 가는 다리 밑에 숨어서 기회를 노리고 있었습니다. 그런데 조양자가 탄 말이 갑자기 놀라더니 다리 앞에서 움직이지 않고 멈추어 섰습니다. 이상하게 생각한 호위병들이 주변을 조사하는 바람에 예양은 목적을 이루지 못한 채 잡히고 말았습니다. 조양자는 그의 충정에 탄식하며 더 이상 용서할 수 없어서 병사들에게 죽이라고 명령했습니다. 예양이 말했습니다.

"오늘 일로 저는 죽어 마땅합니다. 신이 듣건대 현명한 군주는 이름을 가리지 않고, 충성스러운 신하는 이름과 지조를 위해 죽는다고 합니다. 예전에 군왕께서 신을 너그럽게 용서한 일로 천하의 사람들이 당신의 어짊을 칭찬하고 있습니다. 이제 당신의 옷을 얻어 원수를 갚으려 하니 뜻을 이룰 수 있도록 도와주시면 여한이 없겠습니다. 바랄 수 없는 일이지만 마음속에 있는 말을 한 것뿐입니다."

조양자는 그의 뜻을 의롭게 생각하여 옷을 건네자, 예양은 그 옷에 비수를 세 번 내리치며 말했습니다. "지하에 계신 지백 어른! 이제야 원수를 갚았습니다." 하고 하늘을 우러러 외친 뒤 칼에 엎드려 자결했습니다.

삶의 지혜(智慧)

넬슨 만델라(Nelson Mandela)는 남아프리카 공화국 최초의 대통령이자 흑인 인권운동가입니다. 당시 아프리카는 풍부한 금과 다이아몬드 등을 채굴하기 위하여 많은 백인들이 이주하면서 흑인들을 노예로 부렸습니다. 같은 일을 하면서도 백인들은 10배가 넘는 임금을 받았으며 흑인들은 교육, 전기, 교통, 공공의료 등 아무런 혜택도 받지 못했습니다. 흑인들에게 아파르트헤이트(apartheid)라고 하는 '인종분리 정책'을 법적으로 정당화했기 때문입니다. 이런 상황에서 만델라는 대학에서 법률학위를 취득하고 아프리카 민족회의 청년연맹(ANC)에 참여했습니다. 그리고 국민의당 창당을 이끌던 만델라는 대정부 사보타주(sabotage)를 역설하여 경찰에 체포되어 종신형을 선고받았습니다. 하지만 만델라는 이에 굴하지 않고 교도소의 열악한 환경 속에서도 외부 동료들과 연락을 취하면서 남아공 정부의 '인종차별 정책'의 부당함을 전 세계에 알렸습니다. 그의 노력으로 1974년 유엔에서 '인종차별 정책'을 비난하며 모든 교역을 단절하자, 1990년 남아공 정부에서는 인종차별 정책을 폐지했습니다. 이때 27년간 감옥에서 생활하던 만델라도 석방되었습니다.

그 후 그는 아프리카 국민회의 의장에 취임하여 "백인에 대한 보복은 또 다른 폭력을 낳을 뿐 대화와 협상만이 뿌리 깊은 차별을 없앨 수 있다."고 하며 '비폭력 평화주의(非暴力 平和主義)' 주장을 펼쳐 나갔습니다. 그의 활동은 전 세계를 감동시켰으며 1993년 인권운동에 대한 공로로 노벨평화상을 수상했습니다.

　사람이 살다 보면 누구나 어렵고 힘든 고난의 시기를 만날 수 있습니다. 하지만 인생의 역경(逆境)은 끝이 있는 법이어서 반드시 희망이 있기 마련입니다. 그래서 노자(老子)는 "飄風不終朝 驟雨不終日(표풍부종조 취우부종일)."이라고 했습니다. 회오리바람은 아침 내내 불지 않고, 소나기는 하루 종일 내리지 않는다는 말입니다. 아무리 세력이 강해도 언제 가는 쇠하기 마련이며, 어떤 어려움도 끝이 있기 마련입니다. 피할 수 없는 일이라면 당당히 맞서 싸우면서 여유를 갖고 시련이 멈추기를 기다려야 합니다. 역경(逆境)은 고난이 아니라 성장할 수 있는 기회이며 새로운 도약을 위한 시작입니다.

　일곱 번 쓰러져도 여덟 번 일어나는 불굴의 정신이 역경(逆境)을 극복하는 길입니다.

81 토사구팽(兎死狗烹)

字解 토끼 토 兎 · 죽을 사 死 · 개 구 狗 · 삶을 팽 烹

語義 토끼가 죽으면 사냥개를 삶는다.

解義 필요할 때 이용하다가 필요가 없으면 버림.

한(漢)나라 유방(劉邦)은 초(楚)나라 항우(項羽)를 몰아내고 역사상
두 번째로 천하를 통일했습니다. 이때 한신(韓信)은 대장군으로 활약하
며 유방이 승리하는 데 크게 공헌했습니다. 유방은 황제 자리에 오르자
한신의 공을 높이 인정하여 초(楚)나라 왕으로 봉했습니다. 그러나 한
신의 이름은 자꾸 높아지고 힘이 커지자 유방은 점점 두려움을 느끼기
시작했습니다.

어느 날 유방은 항우의 부하였던 종리매(鍾離) 장수가 한신에게 머물
고 있다는 소식을 들었습니다. 그는 한신의 고향 친구로 항우 밑에서 장
수로 활약했으나 항우가 죽자 한신에게 몸을 의탁하고 있었습니다. 유
방은 전투 중에 종리매에게 많은 괴롭힘을 당했기 때문에 부하들에게
즉시 종리매를 잡아들이도록 명령했습니다. 그러나 한신은 차마 친구
를 사지(死地)에 보낼 수 없어 미루고 있자 여기저기서 배반자라고 했
습니다. 유방은 이 기회에 아예 한신을 없애는 것이 좋겠다고 생각하고
참모 진평(陳平)에게 물었습니다.

삶의 지혜를 배우는 고사성어

"한신의 세력이 날로 커지고 있으니 이번 기회에 제거해 버리는 것이 어떻겠소?"

"옛부터 천자(天子)는 제후(諸侯)들을 한자리에 모이게 하는 풍습이 있습니다. 주변국에 있는 제후들을 모두 한자리에 모이게 한 후 틈을 타서 한신을 사로잡는다면 아무런 문제가 없을 것입니다."

유방은 진평의 계책에 따라 제후들을 모두 진(秦)나라에 모이게 했습니다. 일이 심상치 않음을 깨달은 부하들이 한신에게 종리매의 목을 바쳐 충성을 보이라고 했습니다. 그러나 한신은 자기가 반란을 꾀할 마음도 없었고 종리매를 숨겨 준 것도 친구로서 크게 잘못되지 않았다고 생각했습니다. 그래서 한신은 직접 종리매를 만나 문제를 상의했습니다. 종리매가 말했습니다.

"지금 유방이 쉽게 공격하지 못하는 것은 자네 밑에 내가 있기 때문이네. 만일 나를 체포하여 유방에게 잘 보이고 싶다면 지금 당장이라도 죽겠네. 그러나 자네도 얼마가지 않아서 유방에게 당할 것이네."

한신이 깊게 고민을 하자 종리매는 스스로 목숨을 끊었습니다. 한신은 종리매의 목을 가지고 유방에게 바쳤으나 유방은 한신을 포박하게 했습니다. 한신은 너무 억울하고 분하여 하늘을 보며 자신의 어리석음을 한탄했습니다.

"과연 종리매의 말이 맞구나. 교활한 토끼가 죽으면 사냥개가 삶기고, 높이 나는 새가 사라지면 좋은 활도 감춰지며, 적국이 패망하면 지략이 뛰어난 신하도 버림을 받는다고 한다. 이제 천하가 평정되었으니 한나라를 위해 분골쇄신(粉骨碎身)한 내가 유방의 손에 죽게 되는 것은 당연한 일이겠지(兎死狗烹)."

그 후 한신은 죽음은 면하였으나 모반을 꾀하다가 황후와 소하의 계략에 넘어가 참수형(斬首刑)을 당했습니다.

'토사구팽(兎死狗烹)'은 토끼 사냥이 끝난 후에 사냥개를 삶아 먹는 것과 같이, 필요할 때는 긴히 쓰다가 필요가 없을 때는 매정하게 버리는 것을 말합니다. 목적을 위해 중요하게 쓰다가 뜻을 이루고 나서 측근을 처벌할 때 비유적으로 쓰이기도 합니다.

삶의 지혜를 배우는 고사성어

82 득어망전(得魚忘筌)

字解 얻을 득 得 · 물고기 어 魚 · 잊을 망 忘 · 통발 전 筌

語義 물고기를 잡으면 통발을 잊는다.

解義 바라던 바를 이루면 목적 달성을 위해 썼던 수단을 잊어버린다.

장자(莊子)가 말했습니다. "통발은 물고기를 잡기 위해 필요한 것인데 물고기를 잡으면 통발을 잊고(得魚忘筌), 올무는 토끼를 잡기 위한 것인데 토끼를 잡고 나면 올무를 잊으며(得兎忘蹄), 말은 뜻을 전하기 위한 것인데 뜻을 이루고 나면 말을 잊는다(得意忘言)."

장자는 '득어망전(得魚忘筌)'을 자연스럽고 모든 것을 초월하는 뜻으로 사용했습니다. 그래서 그는 아무 것에도 구속받지 않는 자유를 추구했습니다. 그러기에 벼슬을 준다 해도 은거(隱居) 생활을 했으며, 심지어 아내가 죽어도 자연의 순리라고 하면서 슬퍼하지 않았습니다. 세상을 초월한 장자의 입장에서 보면 당연한 일인지 모르지만, 속인(俗人)의 관점에서 보면 통발을 잊고, 올무를 잃어버리는 것은 자신에게 베푼 은혜를 잊어버리는 배은망덕(背恩忘德)한 행위로 볼 수 있습니다.

불경(佛經)의 하나인 『사유경(蛇喩經)』에서는 집착(執着)을 버리지 못하는 인간의 마음을 이렇게 비유했습니다.

"어떤 나그네가 오랜 여행 끝에 바닷가에 이르렀다. 그는 저쪽 땅은 평화의 땅이니 그곳으로 가야겠다고 생각하고 뗏목을 만들어 무사히 바다를 건널 수 있었다. 그 뗏목을 어떻게 해야 할 것인가? 뗏목으로 바다를 건넜으니 은혜를 생각하고 메고 가야 하느냐? 아니면 다른 사람도 건널 수 있도록 그곳에 두고 내 갈 길을 가겠느냐? 이런 때 너희들은 두고 가도 할 일을 다 한 것이며, 궁극에는 교법(敎法)마저 잊는 경지까지 가야 하는 것이다."

이와 같이 절대 경지(境地)에 들어서면 진리(眞理)에 사용한 모든 수단을 버리는 것은 물론 경지에 들어섰다는 것마저 잊으라고 했습니다.

삶의 지혜를 배우는 고사성어

삶의 지혜(智慧)

전국시대 소진(蘇秦)은 동주(東周) 낙양(洛陽) 사람으로 제나라에서 유세학(遊說學)을 공부했습니다. 그는 유세(遊說)를 펼치기 위해 여러 제후국(諸侯國) 군주를 찾았지만 뜻을 이루지 못하고 집으로 돌아왔습니다. 초라한 그의 모습을 보고 형수가 비웃으며 말했습니다.

"주(周)나라 사람들은 예로부터 농사를 짓거나 장사에 힘쓰며 살아왔습니다. 그런데 지금 시숙(媤淑)은 본업(本業)을 버리고 입과 혀만 놀리고 있으니 곤궁함은 당연한 일이지요."

형수는 그를 위해 밥을 지으려고 하지 않았고, 베를 짜는 아내는 거들떠보지도 않았으며, 아버지와 어머니는 말도 하려고 하지 않았습니다. 이런 가족들의 냉대에 소진은 자신의 처지가 너무도 부끄럽고 서글펐습니다.

소진은 다시 공부에 열중하여 유세의 방법을 제대로 터득한 후 길을 떠났습니다. 그리고 조(趙), 연(燕), 한(韓), 위(魏), 제(齊), 초(楚)나라를 합종(合從)시켜 강대한 진(秦)나라와 맞서도록 동맹을 맺는 데 성공했습니다. 6개국 재상이 된 소진은 초나라에서 조나라로 가는 길에 고향 땅 낙양에 들렀습니다. 주왕(周王)은 소진이 지나간다는 말을 듣고 길을 청소시키고 교외까지 특사를 파견하여 영접하고 위로했습니다.

소진이 출세하여 돌아온다는 소식을 듣고 집안 식구들과 친척들은 모두 마중을 나갔습니다. 소진이 집에 도착하자 형제와 처, 형수는 물론 누구도 감히 고개를 들지 못하고 엎드려 식사하기를 기다렸습니다.

이때 형수가 소진에게 다가서며 누구보다도 공손하게 머리를 조아리자 소진이 웃으며 형수에게 물었습니다.

"형수님께서는 전에는 그렇게 오만하시더니 지금은 왜 이렇게 공손하십니까?"

형수는 몸을 최대한 낮추면서 머리를 바닥에 대며 말했습니다.

"도련님께서는 이제 지위가 높으신 귀한 몸이 되시었고 재물도 많이 있기 때문이지요."

이에 소진은 길게 탄식하며 말했습니다.

"같은 사람이라도 부귀(富貴)하면 부모형제나 일가친척도 두려워하면서 공경하고, 가난하면 업신여기는 것이 세상의 인심이구나. 그러니 사람의 세상살이에, 어찌 권세와 부귀를 가벼이 여길 수 있겠는가!"

소진은 아내와 형수는 물론 일가친척 모두에게 조금이라도 덕을 본 사람에게는 많은 재물로 보답했습니다.

요즈음 높은 자리에 오르면 받은 은혜에 감사할 줄 모르고 자신의 권세(權勢)와 부귀(富貴)에 도취되어 있는 사람들이 많습니다. 하지만 '권불십년 화무십일홍(權不十年 花無十日紅)'이란 말과 같이, 권력은 십 년을 못 가고, 활짝 핀 꽃도 열흘을 가지 못합니다. 영원할 것만 같지만 흥함도 언젠가는 쇠하기 마련이며, 권력은 무상(無常)하고 덧없는 것입니다.

겸손하고 감사할 줄 아는 사회, 우리 모두가 바라는 밝고 아름다운 건전한 사회입니다.

삶의 지혜를 배우는 고사성어

삶의 지혜를 배우는

고사성어

ⓒ 김종용, 2024

초판 1쇄 발행 2024년 8월 15일

지은이   김종용
펴낸이   이기봉
편집   좋은땅 편집팀
펴낸곳   도서출판 좋은땅
주소   서울특별시 마포구 양화로12길 26 지월드빌딩 (서교동 395-7)
전화   02)374-8616~7
팩스   02)374-8614
이메일   gworldbook@naver.com
홈페이지 www.g-world.co.kr

ISBN   979-11-388-3427-8 (03190)